KLEINE TEXTE FÜR VORLESUNGEN UND ÜBUNGEN

BEGRÜNDET VON HANS LIETZMANN
HERAUSGEGEBEN VON KURT ALAND

178

Texte

zur Geschichte der Marienverehrung

und Marienverkündigung

in der Alten Kirche

Ausgewählt durch

WALTER DELIUS

Zweite, neubearbeitete und erweiterte Auflage

von

HANS-UDO ROSENBAUM

WALTER DE GRUYTER · BERLIN · NEW YORK

1973

Library of Congress Catalog Card Number: 73-80564

ISBN 3 11 003585 5

©

1973 by Walter de Gruyter & Co., vormals G. J. Göschen'sche Verlagshandlung · J. Guttentag,
Verlagsbuchhandlung · Georg Reimer · Karl J. Trübner · Veit & Comp. Berlin 30

(Printed in Germany)

INHALTSVERZEICHNIS

4

VORBEMERKUNG

Die vorliegende Auswahl ist chronologisch geordnet. Das gilt (anders als bei der ersten Auflage) auch für die Auszüge aus anonym oder pseudonym überlieferten Schriften, die dadurch eine eigene, ihrer Entstehungszeit entsprechende Nummer erhalten haben. Entscheidendes Kriterium für die Reihenfolge war mit Rücksicht auf dieses Schrifttum das Entstehungsdatum der einzelnen Schriften. Durchbrochen ist diese Regel nur da, wo das Prinzip der sachlichen Zusammengehörigkeit größeren Anspruch auf Durchsetzung zu haben schien als rein chronologische Gesichtspunkte (z. B. bei den Alexandrinern und Kappadoziern oder wenn aus mehreren Schriften desselben Autors zitiert wird). Doch bedarf diese Maßnahme wohl keiner Rechtfertigung, da die jedem Text beigegebenen Angaben über seine Entstehungszeit eine rein chronologische Gruppierung ohne Schwierigkeiten möglich machen.

Griechische und lateinische Texte sind der Tradition und Zielsetzung dieser Reihe entsprechend in der Originalsprache wiedergegeben; armenische, koptische und syrische Quellen dagegen werden in einer der vorhandenen modernen Übersetzungen geboten. In Text und Orthographie folgt die Auswahl den jeweils zitierten, maßgebenden Ausgaben. Auf die Angabe von Textvarianten wurde im allgemeinen verzichtet. Nur wo der abgedruckte Text keinen brauchbaren Sinn ergibt, sind Konjekturen verzeichnet worden. Offensichtliche Druckfehler der Ausgaben wurden stillschweigend verbessert. Bei Texten aus dem Neuen Testament und den apokryphen Evangelien sind die in Betracht kommenden Stellen nur angegeben worden, da ein vollständiger Abdruck den Umfang des Heftes zu sehr belastet hätte.

H. U. R.

TEXTE
ZUR GESCHICHTE
DER MARIENVEREHRUNG
UND MARIENVERKÜNDIGUNG
IN DER ALTEN KIRCHE

1. *Maria im Neuen Testament*

Matth 1, 16; 1, 18–25; 2; 12, 46–50; 13, 55. Marc 3, 21;
3, 31–35; 6, 3. Luc 1, 26–56; 2; 3, 23; 4, 22; 8, 19–21; 11,
27 f. Joh 1, 45; 2, 1–11; 6, 42; 7, 27; 19, 25–27. Acta 1, 14.
Röm 1, 3. Gal 4, 4. vgl. Hebr 7, 3 u. Apoc 12, 1–6

2. *Ignatius von Antiochien* († ca. 110)
a) ad Ephesios 7, 2 (F. X. Funk–K. Bihlmeyer, S. 84):

[kurz vor 110] 7, 2. Εἷς ἰατρός ἐστιν, σαρκικός τε καὶ
πνευματικός, γεννητὸς καὶ ἀγέννητος, ἐν σαρκὶ γενόμενος
θεός, ἐν θανάτῳ ζωὴ ἀληθινή, καὶ ἐκ Μαρίας καὶ ἐκ θεοῦ,
πρῶτον παθητὸς καὶ τότε ἀπαθής, Ἰησοῦς Χριστὸς ὁ κύριος
ἡμῶν.

ad Ephesios 18, 2–19, 1 (Funk–Bihlmeyer, S. 87):

Ὁ γὰρ θεὸς ἡμῶν Ἰησοῦς ὁ Χριστὸς ἐκυοφορήθη ὑπὸ
Μαρίας κατ᾽ οἰκονομίαν θεοῦ ἐκ σπέρματος μὲν Δαυίδ,
πνεύματος δὲ ἁγίου· ὃς ἐγεννήθη καὶ ἐβαπτίσθη, ἵνα τῷ
πάθει τὸ ὕδωρ καθαρίσῃ. – 19, 1. Καὶ ἔλαθεν τὸν ἄρχοντα
τοῦ αἰῶνος τούτου ἡ παρθενία Μαρίας καὶ ὁ τοκετὸς αὐτῆς,
ὁμοίως καὶ ὁ θάνατος τοῦ κυρίου· τρία μυστήρια κραυγῆς,
ἅτινα ἐν ἡσυχίᾳ θεοῦ ἐπράχθη.

b) ad Trallianos 9, 1 (Funk–Bihlmeyer, S. 95):

[kurz vor 110] Κωφώθητε οὖν, ὅταν ὑμῖν χωρὶς Ἰησοῦ
Χριστοῦ λαλῇ τις, τοῦ ἐκ γένους Δαυίδ, τοῦ ἐκ Μαρίας, ὃς
ἀληθῶς ἐγεννήθη, ἔφαγέν τε καὶ ἔπιεν, ἀληθῶς ἐδιώχθη
ἐπὶ Ποντίου Πιλάτου, ἀληθῶς ἐσταυρώθη καὶ ἀπέθανεν,
βλεπόντων τῶν ἐπουρανίων καὶ ἐπιγείων καὶ ὑποχθονίων.

8

3. *Aristides von Athen*, Apologie (ca. 145[1])
Apol. 2 (E. Hennecke, TU. 4, 3, S. 9, 1 ff.):

Οἱ δὲ Χριστιανοὶ γενεαλογοῦνται ἀπὸ [τοῦ κυρίου]
Ἰησοῦ Χριστοῦ· οὗτος δὲ [ὁ] υἱὸς τοῦ θεοῦ ὑψίστου
ὁμολογεῖται ἐν πνεύματι ἁγίῳ ἀπ᾽ οὐρανοῦ καταβὰς διὰ τὴν
σωτηρίαν τῶν ἀνθρώπων· καὶ ἐκ παρθένου ἁγίας[2]
γεννηθεὶς ἀσπόρως τε καὶ ἀφθόρως σάρκα ἀνέλαβε καὶ
ἀνεφάνη ἀνθρώποις . . .

4. *Hebräerevangelium* (vor 150)
a) bei Origenes, Johanneskommentar II, 12
(E. Preuschen, GCS. 10, S. 67, 19 ff):

Ἐὰν δὲ προσιῆταί τις τὸ καθ᾽ Ἑβραίους εὐαγγέλιον, ἔνθα
αὐτὸς ὁ σωτήρ φησιν·
„Ἄρτι ἔλαβέ με ἡ μήτηρ μου, τὸ ἅγιον πνεῦμα, ἐν μιᾷ
τῶν τριχῶν μου καὶ ἀπήνεγκέ με εἰς τὸ ὄρος τὸ μέγα Θαβώρ".
ἐπαπορήσει, πῶς „μήτηρ" Χριστοῦ τὸ διὰ τοῦ λόγου
γεγενημένον „πνεῦμα ἅγιον" εἶναι δύναται.

b) bei Kyrill von Jerusalem[3]
(Hennecke–Schneemelcher I, ³1959, S. 107):

Es ist im Hebräerevangelium geschrieben:
Als Christus auf die Erde zu den Menschen kommen wollte,
erwählte der Vatergott eine gewaltige Kraft im Himmel, die
Michael hieß, und vertraute Christus ihrer Fürsorge an. Und
die Kraft kam in die Welt, und sie wurde Maria genannt, und
Christus war sieben Monate in ihrem Leibe.

---

[1] Nach Meinung anderer vor 138, doch ist die Zueignung an
Hadrian wohl ein Irrtum der Hss.

[2] Versio Armeniaca (saec. V) und Versio Syriaca (saec. VI dim.
saec.) reden von einer „hebräischen Jungfrau". Vers. Arm. hat außer-
dem den Zusatz: „Er war es, der dem Fleische nach aus dem Volk der
Hebräer aus der Gottesgebärerin Jungfrau Mariam geboren wurde".

[3] Aus einer dem Kyrill v. J. zugeschriebenen Rede, die nur koptisch
überliefert ist; Text bei E. A. W. Budge, Miscellaneous Coptic Texts,
London 1915. Die Zugehörigkeit zum Hbev. ist umstritten.

9

5. Justin der Märtyrer († ca. 165)
Dialogus cum Tryphone 67, 1 f
(E. J. Goodspeed, Die ältesten Apologeten, S. 174):

[ca. 155—60] Καὶ ὁ Τρύφων ἀπεκρίνατο· Ἡ γραφὴ οὐκ ἔχει· Ἰδοὺ ἡ παρθένος ἐν γαστρὶ λήψεται καὶ τέξεται υἱόν (Jes 7, 14), ἀλλ᾽ Ἰδοὺ ἡ νεᾶνις ἐν γαστρὶ λήψεται καὶ τέξεται υἱόν, καὶ τὰ ἑξῆς λοιπὰ ὡς ἔφης. ἔστι δὲ ἡ πᾶσα προφητεία λελεγμένη εἰς Ἐζεκίαν, εἰς ὃν καὶ ἀποδείκνυται ἀποβάντα κατὰ τὴν προφητείαν ταύτην. 2. ἐν δὲ τοῖς τῶν λεγομένων Ἑλλήνων μύθοις λέλεκται ὅτι Περσεὺς ἐκ Δανάης, παρθένου οὔσης, ἐν χρυσοῦ μορφῇ ῥεύσαντος ἐπ᾽ αὐτὴν τοῦ παρ᾽ αὐτοῖς Διὸς καλουμένου, γεγέννηται· καὶ ὑμεῖς τὰ αὐτὰ ἐκείνοις λέγοντες, αἰδεῖσθαι ὀφείλετε, καὶ μᾶλλον ἄνθρωπον ἐξ ἀνθρώπων γενόμενον λέγειν τὸν Ἰησοῦν τοῦτον, καί, ἐὰν ἀποδείκνυτε ἀπὸ τῶν γραφῶν ὅτι αὐτός ἐστιν ὁ Χριστός, διὰ τὸ ἐννόμως καὶ τελέως πολιτεύεσθαι αὐτὸν κατηξιῶσθαι τοῦ ἐκλεγῆναι εἰς Χριστόν, ἀλλὰ μὴ τερατολογεῖν τολμᾶτε, ὅπως μήτε ὁμοίως τοῖς Ἕλλησι μωραίνειν ἐλέγχησθε.

Dialogus cum Tryphone 84, 2 (Goodspeed, S. 196):

... ἀλλ᾽ ὅπερ ἐστὶν ἀληθῶς σημεῖον καὶ πιστὸν τῷ γένει τῶν ἀνθρώπων ἔμελλε γίνεσθαι, τοῦτ᾽ ἔστι διὰ παρθενικῆς μήτρας τὸν πρωτότοκον τῶν πάντων ποιημάτων (Kol 1, 15) σαρκοποιηθέντα ἀληθῶς παιδίον γενέσθαι, προλαβὼν αὐτὸ διὰ τοῦ προφητικοῦ πνεύματος κατὰ ἄλλον καὶ ἄλλον τρόπον, ἀνιστόρησα ὑμῖν, προεκήρυξεν, ἵνα ὅταν γένηται δυνάμει καὶ βουλῇ τοῦ τῶν ὅλων ποιητοῦ γενόμενον γνωσθῇ· ὡς καὶ ἀπὸ πλευρᾶς μιᾶς τοῦ Ἀδὰμ ἡ Εὔα γέγονε, καὶ ὥσπερ τἆλλα πάντα ζῷα λόγῳ θεοῦ τὴν ἀρχὴν ἐγεννήθη.

Dialogus cum Tryphone 100, 4—6 (Goodspeed, S. 215):

... καὶ υἱὸν θεοῦ γεγραμμένον αὐτὸν ἐν τοῖς ἀπομνημονεύμασι τῶν ἀποστόλων αὐτοῦ ἔχοντες καὶ υἱὸν αὐτὸν λέγοντες νενοήκαμεν ὄντα καὶ πρὸ πάντων ποιημάτων ἀπὸ τοῦ πατρὸς δυνάμει αὐτοῦ καὶ βουλῇ προελθόντα ... καὶ διὰ τῆς παρθένου ἄνθρωπος γεγονέναι, ἵνα καὶ δι᾽ ἧς ὁδοῦ ἡ ἀπὸ τοῦ ὄφεως παρακοὴ τὴν ἀρχὴν ἔλαβε, διὰ ταύτης τῆς ὁδοῦ καὶ κατάλυσιν λάβῃ. 5. παρθένος γὰρ οὖσα Εὔα καὶ ἄφθορος, τὸν λόγον τὸν ἀπὸ τοῦ ὄφεως συλλαβοῦσα, παρακοὴν καὶ θάνατον ἔτεκε· πίστιν δὲ καὶ χαρὰν λαβοῦσα Μαρία ἡ παρθένος, εὐαγγελιζομένου αὐτῇ Γαβριὴλ ἀγγέλου ὅτι πνεῦμα κυρίου ἐπ᾽ αὐτὴν ἐπελεύσεται καὶ δύναμις ὑψίστου ἐπισκιάσει αὐτήν, διὸ καὶ τὸ γεννώμενον ἐξ αὐτῆς ἅγιόν ἐστιν υἱὸς θεοῦ, ἀπεκρίνατο·

10

Γένοιτό μοι κατὰ τὸ ῥῆμά σου (Luc 1, 26. 27. 35. 38) 6.καὶ
διὰ ταύτης γεγέννηται οὗτος, περὶ οὗ τὰς τοσαύτας γραφὰς
ἀπεδείξαμεν εἰρῆσθαι, δι' οὗ ὁ θεὸς τόν τε ὄφιν καὶ τοὺς
ὁμοιωθέντας ἀγγέλους καὶ ἀνθρώπους καταλύει, ἀπαλλαγὴν
δὲ τοῦ θανάτου τοῖς μεταγινώσκουσιν ἀπὸ τῶν φαύλων καὶ
πιστεύουσιν εἰς αὐτὸν ἐργάζεται.

6. Oracula Sibyllina
VIII, 456–479 (J. Geffcken, GCS. 8, S. 171 f):

[ca. 160/70[4)]] ὑστατίοις τε χρόνοις χθόν᾽ ἀμείψατο καὶ
βραχὺς ἐλθών
παρθένου ἐκ Μαρίας λαγόνων ἀνέτειλε νέον φῶς,
οὐρανόθεν δὲ μολὼν βροτέην ἐνεδύσατο μορφήν.
πρῶτα μὲν οὖν Γαβριὴλ σθεναρὸν δέμας ἁγνὸν ἐδείχθη·
δεύτερα καὶ κούρην ἀρχάγγελος ἔννεπε φωνῇ·
,δέξαι ἀχράντοισι θεὸν σοῖς, παρθένε, κόλποις᾽.
ὡς εἰπὼν ἔμπνευσε θεὸς χάριν *ἠδ᾽ αἰεὶ*[5)] κούρῃ·
τὴν δ᾽ ἄρα τάρβος ὁμοῦ θάμβος θ᾽ ἕλεν εἰσαΐουσαν,
στῆ δ᾽ ἄρ᾽ ὑποτρομέουσα· νόος δέ οἱ ἐπτοίητο
παλλομένης κραδίης ὑπ᾽ ἀγνώστοισιν ἀκουαῖς.
αὖτις δ᾽ εὐφράνθη καὶ ἰάνθη κέαρ αὐδῇ,
κουρίδιον δ᾽ ἐγέλασσεν, ἐὴν δ᾽ ἐρύθηνε παρειὴν
χάρματι τερπομένη καὶ θελγομένη φρένας αἰδοῖ,
καί οἱ θάρσος ἐπῆλθεν. ἔπος δ᾽ εἰσέπτατο νηδύν,
σαρκωθὲν δὲ χρόνῳ καὶ γαστέρι ζωογονηθὲν
ἐπλάσθη βροτέην ἰδέην καὶ κοῦρος ἐτύχθη
παρθενικοῖς τοκετοῖς· τόδε γὰρ μέγα θαῦμα βροτοῖσιν,
ἀλλ᾽ οὐδὲν μέγα θαῦμα θεῷ πατρὶ καὶ θεῷ υἱῷ.
τικτόμενον δὲ βρέφος ποτὶ δ᾽ ἔπτατο γηθοσύνη χθών,
οὐράνιος δ᾽ ἐγέλασσε θρόνος καὶ ἀγάλλετο κόσμος.
καινοφαὴς δὲ μάγοισι σεβάσθη θέσφατος ἀστήρ,
σπειρωθὲν δὲ βρέφος δείχθη θεοπειθέσι φάτνῃ
βουπελάταις τε καὶ αἰγονόμοις καὶ ποιμέσιν ἀρνῶν·
καὶ Λόγου ἡ Βηθλεὲμ πατρὶς θεόκλητος ἐλέχθη.

7. Epistula apostolorum (ca. 170)
(H. Duensing, KlT. 152, Nr. 3, S. 6):

3. Und Gott, der Herr, der Sohn Gottes — wir glauben:
das Wort, welches aus der heiligen Jungfrau Maria Fleisch

[4)] Nach Harnack, Chronologie II, 2, 189 kommt eine Datierung vor
ca. 265 jedoch nicht in Frage.
[5)] ἤνιδι coniecit Wilamowitz.

11

wurde, wurde in ihrem Schoße vom heiligen Geiste (verur-
sacht) getragen, und nicht durch Lust des Fleisches, sondern
durch den Willen Gottes wurde es geboren und wurde in
Bethlehem in Windeln gewickelt und offenbart und daß es
großgezogen wurde und heranwuchs, indem wir (es) sahen.

8. *Pseudo-Justin (Melito von Sardes?)* [ca. 180]
de resurrectione (K. Holl,
Fragmente vornic. Kirchenväter 107, TU. 20, 2, S. 39):

Καὶ ὁ κύριος δὲ ἡμῶν Ἰησοῦς ὁ Χριστὸς οὐ δι' ἄλλο τι ἐκ
παρθένου ἐγεννήθη ἀλλ' ἵνα καταργήσῃ γέννησιν ἐπιθυμίας
ἀνόμου καὶ δείξῃ τῷ ἄρχοντι καὶ δίχα συνουσίας ἀνθρωπίνης
δυνατὴν εἶναι τῷ θεῷ τὴν ἀνθρώπου πλάσιν, καὶ γεννηθεὶς
καὶ πολιτευσάμενος τὴν λοιπὴν τῆς σαρκὸς πολιτείαν, λέγω
δὴ ἐν τροφαῖς καὶ ποτοῖς καὶ ἐνδύμασι, ταύτην δὲ τὴν διὰ
συνουσίας μόνον οὐκ εἰργάσατο, ἀλλὰ τὰς τῆς σαρκὸς
ἐπιθυμίας ἃς μὲν ἀναγκαίας ὑπάρχειν κατεδέξατο ἃς δὲ μὴ
ἀναγκαίας οὐ προσήκατο.

9. *Irenäus von Lyon* (ca. 140–ca. 202)
adv. haereses III, 21, 4 (F. Sagnard, SC. 34, S. 358)

[ca. 180–90] ... priusquam conuenisset Joseph cum Maria,
manente igitur ea in uirginitate, „inuenta est in utero habens
de Spiritu sancto" (Matth 1, 18).

adv. haereses III, 21, 10 (SC. 34, S. 370)

Et quemadmodum protoplastus ille Adam de rudi terra
et de adhuc uirgine (nondum enim pluerat Deus et homo non
erat operatus terram – Gen 2, 5) habuit substantiam ... ita
recapitulans in se Adam ipse Verbum exsistens ex Maria quae
adhuc erat Virgo recte accipiebat generationem Adae recapi-
tulationis.

adv. haereses III, 22, 4 (SC. 34, S. 378/380)

Consequenter autem et Maria Virgo obaudiens inuenitur
dicens: „Ecce ancilla tua Domine; fiat mihi secundum uerbum
tuum!" (Luc 1, 38) Eua vero inobaudiens: non obaudivit enim
adhuc cum esset uirgo. Quemadmodum illa uirum quidem
habens Adam, uirgo tamen adhuc exsistens ... inobaudiens
facta et sibi et uniuerso generi humano causa facta est mortis,
sic et Maria habens praedestinatum uirum, et tamen Virgo,
obaudiens et sibi et uniuerso generi humano causa facta est

12

salutis. Et propter hoc Lex eam quae desponsata erat uiro, licet uirgo sit adhuc, uxorem eius qui desponsauerat uocat, eam quae est a Maria in Euam recirculationem significans.

adv. haereses V, 19, 1 (A. Rousseau, SC. 153, S. 248/250)

Et sicut illa (sc. Eva) seducta est ut ⟨non⟩ obaudiret Deo, sic et haec (Maria) suasa est obaudire Deo, uti virginis Evae virgo Maria fieret advocata; et quemadmodum adstrictum est morti genus humanum per virginem, aequa lance disposita virginali inobaudientia per virginalem obaudientiam –, adhuc etiam protoplasti peccato per correptionem primogeniti emendationem accipiente, et serpentis prudentia devicta in columbae simplicitate, vinculis autem illis resolutis per quae alligati eramus morti.

10. *Protevangelium des Jacobus* (Ende 2. Jahrh.)
(E. de Strycker, La forme la plus ancienne du Protévangile de Jaques, Subsidia Hagiographica 33)

11. *Oden Salomos* (Ende 2. Jahrh.)
19 (W. Bauer, KlT. 64, S. 39 f):

1. Ein Becher Milch ist mir gereicht worden,
   und ich habe ihn getrunken in der süßen Freundlichkeit des Herrn.
2. Der Sohn ist der Becher,
   und der, der gemolken wurde, der Vater,
   und, der ihn molk, der heilige Geist.
3. Weil seine Brüste voll waren
   und es unerwünscht war, daß seine Milch zwecklos verströmte,
4. hat der heilige Geist seinen Busen geöffnet
   und die Milch der beiden Brüste des Vaters vereint
5. und die Mischung der Welt gegeben, ohne daß man es wußte.
   Und die (sie) annehmen, sind in der Vollkommenheit der Rechten.
6. Der Schoß der Jungfrau hat aufgefangen
   und sie hat empfangen und geboren.
7. Und Mutter wurde die Jungfrau in großer Gnade
   und kam in Wehen und gebar einen Sohn, ohne Schmerz zu empfinden,
8. weil es nicht zwecklos geschah.

9. Und sie hat nach keiner Hebamme verlangt, weil er ihr
seine Hilfe angedeihen ließ.
10. Wie ein Mann gebar sie mit (festem) Willen,
und sie gebar in Sichtbarkeit
und erwarb in vieler Kraft
11. und liebte in Erlösung
und bewahrte in Freundlichkeit
und machte sichtbar in Größe.
Hallelujah!

12. *Himmelfahrt des Jesaja* (2. Jahrh.[6])
c. 11, 2—15 (Hennecke—Schneemelcher II, [3]1964, S. 466 f):

2. Und ich sah aus dem Geschlechte Davids, des Propheten,
ein Weib mit Namen Maria, die war eine Jungfrau, und einem
Manne mit Namen Joseph verlobt, einem Zimmermann, und
auch er war aus dem Samen und dem Geschlechte des gerechten
David aus Bethlehem in Juda. 3. Und er kam zu seinem An-
teil. Und als sie verlobt war, fand es sich, daß sie schwanger
war, und Joseph, der Zimmermann, wollte sie verlassen.
4. Aber der Engel des Geistes erschien in dieser Welt, und
darnach verließ Joseph Maria nicht, sondern bewahrte sie; er
offenbarte aber niemand diese Angelegenheit. 5. Und er nahte
sich nicht Maria, sondern bewahrte sie wie eine heilige, wenn
auch schwangere, Jungfrau. 6. Und er wohnte (noch) nicht
zwei Monate mit ihr. 7. Und nach zwei Monaten an Tagen, als
Joseph in seinem Hause war und Maria sein Weib, jedoch beide
allein, 8. da geschah es, während sie allein waren, daß Maria
alsbald mit ihren Augen hinschaute und ein kleines Kind sah,
und sie war bestürzt. 9. Und als die Bestürzung gewichen war,
wurde ihr Mutterleib wie zuvor befunden, ehe sie schwanger
war. 10. Und als ihr Mann Joseph zu ihr sagte: Was macht
dich bestürzt? wurden seine Augen geöffnet, und er sah das
Kind und pries Gott, daß der Herr zu seinem Anteil gekommen
sei. 11. Und eine Stimme kam zu ihnen: Erzählt dieses Ge-
sicht niemand. 12. Aber das Gerücht über das Kind verbreitete
sich in Bethlehem. 13. Einige sagten: Die Jungfrau Maria hat
geboren, bevor sie zwei Monate verheiratet war, 14. und viele
sagten: Sie hat nicht geboren, und die Wehmutter ist nicht
(zu ihr) hinaufgegangen, und wir haben keinen Schmerzensschrei
gehört. Und sie waren alle im Dunkel über ihn, alle wußten von

---

[6] Möglicherweise ist Kap. 11 jedoch spätere Interpolation.

14

ihm, aber keiner wußte, woher er war. 15. Und sie nahmen
ihn und kamen nach Nazareth in Galiläa.

13. *Tertullian* (ca. 160–222/23)

a) de carne Christi 7, 2 (E. Kroymann, CC. 2, S. 886 f):

[ca. 208/12[7)]] (ad Matth 12, 48) 2. Primo quidem
numquam quisquam adnuntiasset illi matrem ut fratres eius
foris stantes, qui non certus esset et habere illum matrem
et fratres et ipsos esse, quos tunc nuntiabat, uel retro co-
gnitos uel tunc ibidem compertos, licebit propterea abstu-
lerint haereses ista de euangelio, quod et creditum patrem
eius Ioseph fabrum et matrem Mariam et fratres et sorores
eius optime notos sibi esse dicebant qui mirabantur doctri-
nam eius.

de carne Christi 17, 3–5 (CC. 2, S. 904 f):

. . . uirgo erat adhuc terra, nondum opere compressa, non-
dum sementi subacta; ex ea hominem factum accipimus a deo
in animam uiuam (Gen 2, 7). 4. Igitur si primus Adam ita
traditur, merito sequens uel nouissimus Adam, ut apostolus
dixit (1. Cor 15, 45 f), proinde de ⟨virgine⟩ terra, id est carne
nondum generationi resignata, in spiritum uiuificantem a deo
est prolatus . . . 5. In uirginem enim adhuc Euam inrepserat
⟨diaboli⟩ uerbum aedificatorium mortis; in uirginem aeque
introducendum erat dei uerbum structorium uitae, ut quod
per eiusmodi sexum abierat in perditionem per eundem sexum
redigeretur in salutem. Crediderat Eua serpenti: credidit Maria
Gabrieli. Quod illa credendo deliquit, ista credendo correxit.

de carne Christi 23, 2 (CC. 2, S. 914):

2. Agnoscimus ergo signum contradicibile (Luc 2, 34) con-
ceptum et partum uirginis Mariae, de quo Academici isti: 'Pe-
perit et non peperit[8)], uirgo et non uirgo' . . . Peperit enim,
quae ex sua carne, et non peperit, quae non ex uiri semine,
et uirgo, quantum a uiro, non uirgo, quantum a partu . . .

b) de virginibus velandis 6, 1+3 (E. Dekkers, CC. 2, S. 1215 f):

[ca. 213] 1. Videamus nunc, si et apostolus formam
uocabuli istius secundum Genesim obseruat, sexui deputans

[7)] Zur Datierung der einzelnen Schriften vgl. die Zusammenstellung
bei R. Braun, Deus Christianorum, Paris 1962, S. 567 ff. Hier ist die
Tabula Chronologica, CC 2, S. 1627 f. zugrunde gelegt.

[8)] A. Resch, Agrapha[2] 1967, S. 305 f.

illud, sic mulierem uocans uirginem Mariam quemadmodum et Genesis Euam. Scribens enim ad Galatas: Misit, inquit, Deus filium suum factum ex muliere (4, 4), quam utique uirginem constat fuisse, licet Hebion resistat. Agnosco et angelum Gabrielem ad uirginem missum. Sed cum benedicit illam, inter mulieres, non inter uirgines deputat: Benedicta tu inter mulieres (Luc 1, 28). Sciebat et angelus mulierem etiam uirginem dici. 3. . . . Hic certe nihil prophetice dictum uideri potest, ut futuram mulierem, id est nuptam, apostolus nominarit, dicendo factum ex muliere. Non enim poterat posteriorem mulierem nominare, de qua Christus nasci non habebat, id est uirum passam, sed illa, quae erat praesens, quae erat uirgo et mulier uocabatur post uocabuli huius proprietatem, secundum primordii formam uirginis et ita uniuerso mulierum generi defensam.

c) de monogamia 8, 2 (E. Dekkers, CC. 2, S. 1239):

[ca. 213] 2. . . . Et Christum quidem uirgo enixa est, semel nuptura post partum, ut uterque titulus sanctitatis in Christi censu dispungeretur, per matrem et uirginem et uniuiram.

14. *Hippolyt von Rom* († 235)

a) contra haeresim Noeti 17
(E. Schwartz, SAM. 1936, H. 3, S. 16 f):

[ca. 210/15?] πιστεύσωμεν . . . ὅτι θεὸς λόγος ἀπ᾽ οὐρανῶν κατῆλθεν εἰς τὴν ἁγίαν παρθένον Μαρίαν, ἵνα σαρκωθεὶς ἐξ αὐτῆς, λαβὼν δὲ καὶ ψυχὴν τὴν ἀνθρωπείαν, λογικὴν δὲ λέγω, γεγονὼς πάντα ὅσα ἐστὶν ἄνθρωπος . . .

b) ἀποστολικὴ παράδοσις 4 (B. Botte, La tradition apostolique de saint Hippolyte, Lit.wiss. Quellen u. Forschungen 39, Münster [2] 1965, S. 13)

[ca. 215?] Nous te rendons grâces, ô Dieu, par ton Enfant bien-aimé Jésus-Christ, que tu nous as envoyé en ces derniers temps (comme) sauveur, rédempteur et messager de ton dessein, lui qui est ton Verbe inséparable, par qui tu as tout créé et que, dans ton bon plaisir, tu as envoyé du ciel dans le sein d'une vierge . . .

c) περὶ τοῦ ἁγίου πάσχα frgmt. 1 (H. Achelis, GCS. 1, 2, S. 267):

[??] Εἰ δὲ βούλει, λόγος θεοῦ ἦν πρωτότοκος, ἀπ᾽ οὐρανῶν ἐπὶ τὴν μακαρίαν Μαρίαν κατερχόμενος, καὶ ἄνθρωπος

πρωτότοκος ἐν κοιλίᾳ πλασσόμενος, ἵνα ὁ πρωτότοκος λόγος
τοῦ ϑεοῦ πρωτοτόκῳ ἀνϑρώπῳ συναπτόμενος δειχϑῇ.

15. *Klemens von Alexandria* († vor 215)
a) Paedagogus I, 6, 42, 1. 2 (O. Stählin, GCS. 12, S. 115):

[ca. 203–10] 42, 1.... εἷς μὲν ὁ τῶν ὅλων πατήρ, εἷς δὲ
καὶ ὁ τῶν ὅλων λόγος, καὶ τὸ πνεῦμα τὸ ἅγιον ἒν καὶ τὸ αὐτὸ
πανταχοῦ, μία δὲ μόνη γίνεται μήτηρ παρϑένος· ἐκκλησίαν
ἐμοὶ φίλον αὐτὴν καλεῖν. γάλα οὐκ ἔσχεν ἡ μήτηρ αὕτη μόνη,
ὅτι μόνη μὴ γέγονεν γυνή, παρϑένος δὲ ἅμα καὶ μήτηρ ἐστίν,
ἀκήρατος μὲν ὡς παρϑένος, ἀγαπητικὴ δὲ ὡς μήτηρ, καὶ τὰ
αὐτῆς παιδία προσκαλουμένη ἁγίῳ τιϑηνεῖται γάλακτι, τῷ
βρεφώδει λόγῳ. 2. διὸ οὐκ ἔσχε γάλα, ὅτι γάλα ἦν **[9]** τὸ
παιδίον τοῦτο καλὸν καὶ οἰκεῖον, τὸ σῶμα τοῦ Χριστοῦ, τὴν
νεολαίαν ὑποτροφ⟨ὴν⟩ οὖσαν τῷ λόγῳ, ἣν αὐτὸς ἐκύησεν ὁ
κύριος ὠδῖνι σαρκικῇ, ἣν αὐτὸς ἐσπαργάνωσεν ὁ κύριος
αἵματι τιμίῳ.

b) Stromata VII 93, 7–94, 2 (O. Stählin, GCS. 17, S. 66):

[wohl vor 210] 93, 7. Ἀλλ', ὡς ἔοικεν, τοῖς πολλοῖς καὶ
μέχρι νῦν δοκεῖ ἡ Μαριὰμ λεχὼ εἶναι διὰ τὴν τοῦ παιδίου
γέννησιν, οὐκ οὖσα λεχώ (καὶ γὰρ μετὰ τὸ τεκεῖν αὐτὴν
μαιωϑεῖσάν φασί τινες παρϑένον εὑρεϑῆναι)· 94. 1. τοιαῦται
δ' ἡμῖν αἱ κυριακαὶ γραφαί, τὴν ἀλήϑειαν ἀποτίκτουσαι καὶ
μένουσαι παρϑένοι μετὰ τῆς ἐπικρύψεως τῶν τῆς ἀληϑείας
μυστηρίων. 2. ,,τέτοκεν καὶ οὐ τέτοκεν"[10], φησὶν ἡ γραφή, ὡς
ἂν ἐξ αὐτῆς, οὐκ ἐκ συνδυασμοῦ συλλαβοῦσα.

16. *Origenes* († 253/54)
a) in Lucam hom. 7 (M. Rauer, GCS. 35, S. 49):

[vor 218/28]
Debemus in hoc loco, ne
simplices quique decipiantur,
ea, quae solent haeretici
opponere, confutare. In tan-
tum quippe nescio quis
prorupit insaniae, ut assereret
negatam fuisse Mariam a Sal-
vatore, eo quod post nativita-
tem illius juncta fuerit Joseph,

Οὐκ ὀκνητέον δὲ εἰπεῖν, ἵνα
μὴ ἐπαπατηϑῇ τις ὑπὸ τῶν
πιϑανότητι χρωμένων καὶ
διδασκόντων ψευδῶς, ὅτι
ἐτόλμησέ τις εἰπεῖν κατὰ τῆς
Μαρίας, ὡς ἄρα ὁ σωτὴρ
αὐτὴν ἠρνήσατο, ἐπεί, φησίν,
συνήφϑη μετὰ τὴν ἀπότεξιν
τὴν τοῦ σωτῆρος τῷ Ἰωσήφ.

---

[9] ὁ λόγος coniecit Schwartz.
[10] A. Resch, Agrapha, [2]1967, S. 305 f.

et locutus est, quae, quali
mente dixerit, ipse noverit,
qui locutus est. Si quando
igitur haeretici vobis tale quid
objecerint, respondete eis et
dicite: Certe „Spiritu sancto"
plena Elisabeth ait: „benedicta
tu inter mulieres" (Luc 1,
42). Si a Spiritu sancto bene-
dicta canitur Maria, quomodo
eam Salvator negavit? Porro
quod asserunt eam nupsisse
post partum, unde appro-
bent, non habent; hi enim
filii, qui Joseph dicebantur,
non erant orti de Maria,
neque est ulla scriptura, quae
ista commemoret.

Εἴ ποτε οὖν τοιοῦτοι λόγοι
ὑπὸ αἱρετικῶν προαχθῶσιν,
οὕτως ἀποκριτέον, ὅτι
„πνεύματος ἁγίου" πλησθεῖσα
ἡ Ἐλισάβετ φησίν· „εὐλογη-
μένη σὺ ἐν γυναιξίν" (Luc
1, 42). Εἰ δὲ εὐλόγηται ὑπὸ
τοῦ πνεύματος τοῦ ἁγίου,
πῶς ἠρνήσατο αὐτὴν ὁ
σωτήρ; Ἀλλ᾽ οὐδὲ ἔχουσιν
αὐτὴν ἀποδεῖξαι, ὅτι συνουσίᾳ
ἐχρήσατο μετὰ τὴν ἀπότεξιν
τοῦ σωτῆρος· οἱ γὰρ υἱοὶ
Ἰωσὴφ οὐκ ἦσαν ἀπὸ τῆς
Μαρίας, οὐδὲ ἔχει τις τοῦτο
παραστῆσαι ἀπὸ τῆς γραφῆς.

in Lucam hom. 14 (GCS. 35, S. 100):

Quemcunque enim de utero effusum marem dixeris, non
sic aperit vulvam matris suae ut Dominus Jesus, quia omnium
mulierum non partus infantis, sed viri coitus vulvam reserat.
Matris vero Domini eo tempore vulva reserata est, quo et
partus editus, quia sanctum uterum et omni dignatione
venerandum ante nativitatem Christi masculus omnino non
tetigit.

b) in Mattheum X, 17 (E. Klostermann, GCS. 40, S. 21 f):

[nach 244] (zu Matth 13, 55 f) ᾤοντο οὖν αὐτὸν εἶναι
Ἰωσὴφ καὶ Μαρίας υἱόν. τοὺς δὲ ἀδελφοὺς Ἰησοῦ φασί τινες
εἶναι, ἐκ παραδόσεως ὁρμώμενοι τοῦ ἐπιγεγραμμένου κατὰ
Πέτρον εὐαγγελίου ἢ τῆς βίβλου Ἰακώβου, υἱοὺς Ἰωσὴφ ἐκ
προτέρας γυναικὸς συνῳκηκυίας αὐτῷ πρὸ τῆς Μαρίας. οἱ δὲ
ταῦτα λέγοντες τὸ ἀξίωμα τῆς Μαρίας ἐν παρθενίᾳ τηρεῖν
μέχρι τέλους βούλονται, ἵνα μὴ τὸ κριθὲν ἐκεῖνο σῶμα δια-
κονήσασθαι τῷ εἰπόντι λόγῳ· „πνεῦμα ἅγιον ἐπελεύσεται
ἐπί σε, καὶ δύναμις ὑψίστου ἐπισκιάσει σοι" (Luc I, 35) γνῷ
κοίτην ἀνδρὸς μετὰ τὸ ἐπελθεῖν ἐν αὐτῇ πνεῦμα ἅγιον καὶ τὴν
ἐπεσκιακυῖαν αὐτῇ δύναμιν ἐξ ὕψους. καὶ οἶμαι λόγον ἔχειν,
ἀνδρῶν μὲν καθαρότητος τῆς ἐν ἁγνείᾳ ἀπαρχὴν γεγονέναι
τὸν Ἰησοῦν, γυναικῶν δὲ τὴν Μαρίαν· οὐ γὰρ εὔφημον, ἄλλῃ
παρ᾽ ἐκείνην τὴν ἀπαρχὴν τῆς παρθενίας ἐπιγράψασθαι.

18

c) in Mattheum commentariorum series 25
(E. Klostermann–E. Benz, GCS. 38, S. 42 f):

[nach 244] (zu Matth 23, 35) ἀλλ᾽ ἦλθεν εἰς ἡμᾶς τοιαύτη
τις παράδοσις, ὡς ἄρα ὄντος τινὸς περὶ τὸν ναὸν τόπου, ἔνθα
ἐξῆν τὰς μὲν παρθένους εἰσιέναι καὶ προσκυνεῖν τῷ θεῷ, τὰς
δὲ ἤδη πεπειραμένας κοίτην ἀνδρὸς οὐκ ἐπέτρεπον ἐν ἐκείνῳ.
ἡ οὖν Μαρία μετὰ τὸ γεννῆσαι τὸν σωτῆρα [ἡμῶν] ἐλθοῦσα
προσκυνῆσαι ἔστη ἐν τῷ τόπῳ τῶν παρθένων. καὶ κωλυόντων
τῶν εἰδότων αὐτὴν γεννήσασαν ὁ Ζαχαρίας ἔλεγε τοῖς
κωλύουσιν ἀξίαν αὐτὴν εἶναι τοῦ τόπου τῶν παρθένων ἔτι
παρθένον οὖσαν. ὡς οὖν σαφῶς παρανομοῦντα καὶ εἰς τὸν
τόπον τῶν παρθένων ἐπιτρέποντα γυναῖκα γίνεσθαι ἀπέκτειναν
„μεταξὺ τοῦ ναοῦ καὶ τοῦ θυσιαστηρίου" οἱ τῆς γενεᾶς
ἐκείνης.

d) contra Celsum I, 32 (P. Koetschau, GCS. 2, S. 83 f):

[ca. 248] XXXII. Ἀλλὰ γὰρ ἐπανέλθωμεν εἰς τὴν τοῦ
Ἰουδαίου προσωποποιίαν, ἐν ᾗ ἀναγέγραπται ἡ τοῦ Ἰησοῦ μήτηρ
ὡς ἐξωσθεῖσα ὑπὸ τοῦ μνηστευσαμένου αὐτὴν τέκτονος,
ἐλεγχθεῖσα ἐπὶ μοιχείᾳ καὶ τίκτουσα ἀπό τινος στρατιώτου
Πανθήρα τοὔνομα· καὶ ἴδωμεν εἰ μὴ τυφλῶς οἱ μυθοποιήσαντες
τὴν μοιχείαν τῆς παρθένου καὶ τοῦ Πανθήρα καὶ τὸν τέκτονα
ἐξωσάμενον αὐτὴν ταῦτα πάντα ἀνέπλασαν ἐπὶ καθαιρέσει
τῆς παραδόξου ἀπὸ ἁγίου πνεύματος συλλήψεως· ἐδύναντο
γὰρ ἄλλως ψευδοποιῆσαι διὰ τὸ σφόδρα παράδοξον τὴν
ἱστορίαν καὶ μὴ ὡσπερεὶ ἀκουσίως συγκαταθέσθαι ὅτι
οὐκ ἀπὸ συνήθων ἀνθρώποις γάμων ὁ Ἰησοῦς ἐγεννήθη.
καὶ ἀκόλουθόν γε ἦν τοὺς μὴ συγκαταθεμένους τῇ παραδόξῳ
γενέσει τοῦ Ἰησοῦ πλάσαι τι ψεῦδος· τὸ δὲ μὴ πιθανῶς αὐτοὺς
τοῦτο ποιῆσαι ἀλλὰ μετὰ τοῦ τηρῆσαι ὅτι οὐκ ἀπὸ τοῦ Ἰωσὴφ
παρθένος συνέλαβε τὸν Ἰησοῦν, τοῖς ἀκούειν καὶ ἐλέγχειν
ἀναπλάσματα δυναμένοις ἐναργὲς ἦν ψεῦδος.

contra Celsum I, 34 (GCS. 2, S. 85 f):

... Καὶ οἰκεῖόν γε φαίνεταί μοι πρὸς τὴν τοῦ Ἰουδαίου προσ-
ωποποιίαν παραθέσθαι τὴν τοῦ Ἠσαΐου προφητείαν, λέγουσαν
ἐκ παρθένου τεχθήσεσθαι τὸν Ἐμμανουήλ· ἣν οὐκ ἐξέθετο,
εἴτε μὴ ἐπιστάμενος ὁ πάντ᾽ ἐπαγγελλόμενος εἰδέναι Κέλσος
εἴτ᾽ ἀναγνοὺς μὲν ἑκὼν δὲ σιωπήσας, ἵνα μὴ δοκοίη κατασκευ-
άζειν ἄκων τὸν λόγον ἐναντιούμενον αὐτοῦ τῇ προαιρέσει. ἔχει
δ᾽ οὕτως ἡ λέξις· (folgt Jes 7, 10–14)
... ἐὰν δὲ Ἰουδαῖος εὑρεσιλογῶν τὸ „ἰδοὺ ἡ παρθένος" μὴ
γεγράφθαι λέγῃ ἀλλ᾽ ἀντ᾽ αὐτοῦ „ἰδοὺ ἡ νεᾶνις", φήσομεν

πρὸς αὐτὸν ὅτι ἡ μὲν λέξις ἡ ἀαλμά, ἣν οἱ μὲν ἐβδομήκοντα μετειλήφασι πρὸς τὴν παρθένον ἄλλοι δ᾽ εἰς τὴν νεᾶνιν, κεῖται, ὡς φασι, καὶ ἐν τῷ Δευτερονομίῳ ἐπὶ παρθένου, οὕτως ἔχουσα· (folgt Deut 22, 23. 24).

contra Celsum I, 37 (GCS. 2, S. 89):

... ἐπεὶ δὲ τὸν Ἰουδαῖον ὁ Κέλσος εἰσήγαγε διαλεγόμενον τῷ Ἰησοῦ καὶ διασύροντα τήν, ὡς οἴεται, προσποίησιν τῆς ἐκ παρθένου γενέσεως αὐτοῦ, φέροντα τοὺς Ἑλληνικοὺς μύθους περὶ Δανάης καὶ Μελανίππης καὶ Αὔγης καὶ Ἀντιόπης, λεκτέον ὅτι ταῦτα βωμολόχῳ ἔπρεπε τὰ ῥήματα καὶ οὐ σπουδάζοντι ἐν τῇ ἀπαγγελίᾳ.

17. *Pistis Sophia* (2. Hälfte 3. Jhdt.)
c. 8 (C. Schmidt—W. Till, GCS. 45, S. 8 f):

Es fuhr Jesus wiederum in der Rede fort und sprach: „Es geschah nun darnach, da blickte ich auf Befehl (κέλευσις) des ersten Mysteriums (μυστήριον) auf die Welt (κόσμος) der Menschheit hinab und fand Maria, welche ‚meine Mutter' gemäss (κατά) dem materiellen (ὕλη) Körper (σῶμα) genannt wird; ich sprach mit ihr in (κατά) der Gestalt (τύπος) des Gabriel, und als sie sich in die Höhe nach mir gewandt hatte, stiess ich in sie hinein die erste Kraft, welche ich von der Barbelo[11] genommen hatte, d. h. den Körper (σῶμα), welchen ich in der Höhe getragen (φορεῖν) habe. Und an Stelle der Seele (ψυχή) stiess ich in sie hinein die Kraft, welche ich von dem grossen Sabaoth, dem Guten (ἀγαθός), der sich in dem Orte (τόπος) der Rechten befindet, genommen habe. . .

18. *Laktanz* († ca. 340?):
a) divinae institutiones IV, 12, 1. 25, 4
(S. Brandt—G. Laubmann, CSEL. 19, S. 309 u. 376):

[ca. 304/13] 12, 1. Descendens itaque de caelo sanctus ille spiritus dei sanctam virginem cuius utero se insinuaret elegit. At illa divino spiritu hausto repleta concepit et sine ullo adtactu viri repente virginalis uterus intumuit.

25, 4. (Christus) habebat enim spiritalem patrem deum et sicut pater spiritus eius deus sine matre, ita mater corporis eius virgo sine patre.

---

[11]) d. i. die große Kraft des unsichtbaren Gottes (vgl. cap. 141, S. 242, 28).

20

b) epitome divinarum institutionum 38, 9 (CSEL. 19, S. 715):

[nach 314] (Christus) renatus est ergo ex virgine sine patre tamquam homo, ut quemadmodum in prima nativitate spiritali creatus [est] ex solo deo sanctus spiritus factus est, sic in secunda carnali ex sola matre genitus caro sancta fieret, ut per eum caro, quae subiecta peccato fuerat, ab interitu liberaretur.

19. Euseb von Caesarea (264/65–337/41)
a) historia ecclesiastica I, 7, 17 (E. Schwartz, GCS. 9. 1, S. 62):

[letzte Ausgabe 324] 17. καὶ δὴ τοῦ Ἰωσὴφ ὧδέ πως γενεαλογουμένου, δυνάμει καὶ ἡ Μαρία σὺν αὐτῷ πέφηνεν ἐκ τῆς αὐτῆς οὖσα φυλῆς, εἴ γε κατὰ τὸν Μωυσέως νόμον οὐκ ἐξῆν ἑτέραις ἐπιμίγνυσθαι φυλαῖς· ἑνὶ γὰρ τῶν ἐκ τοῦ αὐτοῦ δήμου καὶ πατριᾶς τῆς αὐτῆς ζεύγνυσθαι πρὸς γάμον παρακελεύεται, ὡς ἂν μὴ περιστρέφοιτο τοῦ γένους ὁ κλῆρος ἀπὸ φυλῆς ἐπὶ φυλήν.

hist. eccl. II, 1, 2 (GCS. 9. 1, S. 102):

2. τότε δῆτα καὶ Ἰάκωβον, τὸν τοῦ κυρίου λεγόμενον ἀδελφόν, ὅτι δὴ καὶ οὗτος τοῦ Ἰωσὴφ ὠνόμαστο παῖς, τοῦ δὲ Χριστοῦ πατὴρ ὁ Ἰωσήφ, ᾧ μνηστευθεῖσα ἡ παρθένος, πρὶν ἢ συνελθεῖν αὐτούς, εὑρέθη ἐν γαστρὶ ἔχουσα ἐκ πνεύματος ἁγίου, ὡς ἡ ἱερὰ τῶν εὐαγγελίων διδάσκει γραφή[12].

hist. eccl. III, 27, 2 (GCS. 9. 1, S. 256):

2. λιτὸν μὲν γὰρ αὐτὸν (sc. Χριστὸν) καὶ κοινὸν ἡγοῦντο (sc. οἱ Ἐβιωναῖοι), κατὰ προκοπὴν ἤθους αὐτὸ μόνον ἄνθρωπον δεδικαιωμένον ἐξ ἀνδρός τε κοινωνίας καὶ τῆς Μαρίας γεγεννημένον.

hist. eccl. VI, 17 (GCS. 9. 2, S. 554 f)

αἵρεσις δέ ἐστιν ἡ τῶν Ἐβιωναίων οὕτω καλουμένη τῶν τὸν Χριστὸν ἐξ Ἰωσὴφ καὶ Μαρίας γεγονέναι φασκόντων ψιλόν τε ἄνθρωπον, ὑπειληφότων αὐτὸν καὶ τὸν νόμον χρῆναι Ἰουδαϊκώτερον φυλάττειν ἀπισχυριζομένων, ὥς που καὶ ἐκ τῆς πρόσθεν ἱστορίας ἔγνωμεν (cf. III„27, 2).

---

[12] Auch das Protevangelium des Jakobus 17, 2 behauptet in den Handschriften B, F^b und I, daß Jakobus ein Sohn des Joseph sei. Nach Matth 10, 3; Marc 3, 18; Luc 6, 15; Joh 19, 25 und Apg 1, 13 war er ein Sohn des Alphäus bzw. des Kleophas.

b) ad Stephanum circa Evangelia quaestionibus ac solutionibus, quaestio I (MSG. 22, S. 880/881A):

[ca. 320/25] Πόθεν τὸν Χριστὸν ὡς υἱὸν Δαβὶδ γενεαλογοῦσι; πάντως ὅτι διὰ τὸν Ἰωσὴφ τὸν ἐκ Δαβὶδ γεγονότα· ἀλλ' οὐκ ἐκ τοῦ Ἰωσὴφ ὁ Χριστός, ἀλλ' ἐκ Πνεύματος ἁγίου καὶ Μαρίας, ὡς φησιν ἡ Γραφή· ἐχρὴν τοίνυν τὴν Μαρίαν γενεαλογεῖν, εἴπερ τὸν Χριστὸν γενεαλογεῖν ἐβούλοντο, ἀλλ' οὐ τὸν Ἰωσήφ, ᾦ μηδὲν προσήκων τυγχάνει κατὰ σάρκα ὁ Χριστός, μὴ ἐξ αὐτοῦ γεγεννημένος· εἰ δὲ μὴ ἐξ αὐτοῦ τυγχάνει ὤν, ἀλλ' ἐκ μόνης τῆς Μαρίας, οὐκ ἂν εἴη ἐκ τοῦ Δαβίδ, ἐπειδὴ τὴν Μαρίαν οὐδεὶς λόγος ἀποδείκνυσιν ἀπὸ Δαβὶδ γενομένην. μάτην ἄρα τὸν Χριστὸν ἐκ σπέρματος Δαβὶδ θρυλλοῦσι, μήτε τοῦ Ἰωσὴφ ὄντα υἱόν, μήτε τῆς Μαρίας ἀπὸ Δαβὶδ γενεαλογουμένης· τοιαῦτα μέν τινα τὸ πρῶτον τῶν ἠπορημένων περιεῖχε· λύσις δ' ἂν εἴη αὐτῷ ἥδε.

20. *Ephraem Syrus* (ca. 306–373)
a) de nativitate 16, 9–11 (E. Beck, CSCO. 187, S. 76 f):

[nach 339] 9. Wie soll ich dich nennen, * o uns Fremder, – der einer aus uns geworden? * Soll ich dich „Sohn" nennen, – „Bruder", * „Bräutigam" – „Herr", * Erzeuger seiner Mutter – (in) einer andren Geburt, * aus dem Wasser!

10. Denn Schwester bin ich (dir) * aus dem Hause Davids, – der (für uns) zweiter Vater ist. * Und Mutter bin ich, – weil ich dich im Schoß trug. * Und Braut bin ich, – weil du keusch bist. * Magd und Tochter – des Blutes und Wassers, * die du erkauft, getauft hast.

11. Sohn des Himmlischen, * der kam und in mir wohnte, – und ich wurde seine Mutter. * Und wie ich ihn gebar – (in) einer andren Geburt, * gebar auch er mich – (in) einer zweiten Geburt. * Das Kleid seiner Mutter, – das er anzog, sein Körper, * ich habe dessen Herrlichkeit angelegt!

b) de ecclesia 37, 5. 6 (E. Beck, CSCO. 199, S. 90):

[nach 363] 5. Siehe die Welt! Zwei * Augen sind ihr eingefügt: – Eva war das blinde, * linke Auge. – Das rechte, leuchtende * Auge (ist) Maria.

6. Und durch das Auge, das sich verfinsterte, * wurde finster die ganze Welt. – Und die Menschen haben, (im Dunkel) tastend, * jeden Stein des Anstosses, den sie fanden, – für einen Gott gehalten. * Den Trug haben sie Wahrheit genannt.

22

c) Carmina Nisibena 27, 8 (E. Beck, CSCO. 219, S. 76):

[nach 363] Du nur und deine Mutter * sind schöner als
alle; — denn kein Makel ist an dir * und keine Flecken sind an
deiner Mutter. — Unter (diesen) beiden Schönen, * wem
gleichen (da) meine Kinder?

d) Diatessaron–Kommentar II, 6. 8. 11
(L. Leloir, CSCO. 145, S. 20 f):

[ca. 370] 6. . . . Sed sicut intravit ille (sc. Dominus), * ianuis
clausis, eodem modo et exivit ex virginis utero, quia haec virgo
sine doloribus realiter (et) vere peperit. Et si, propter Noe,
castae et mansuetae fuerunt bestiae in arca, decebat etiam
virginem (de qua) prophetaverant, in qua Emmanuel habitavit,
non accedere ad connubium. Bestiae Noe ex necessitate (id
fecerunt), haec autem voluntate sua. Sicut concepit haec in
puritate, ita permansit in sanctitate. 8. Itaque peperit virgo
primogenitum, et salva firma(que) permansit virginitas eius.
. . . 11. At hanc necessitatem definivit, et narravit de termino
eius, eo quod ait: donec (Matth 1, 25). Et (rursus explanemus):
In sanctitate habitabat cum ea, donec peperit primogenitum.
Si hoc ita est, post partum eius, non in sanctitate habitabat cum
ea; nam dixit: donec. Sed donec non terminum quemdam signi-
ficat, . . .

e) de fide 4, 2 (E. Beck, CSCO. 155, S. 9 f):

[kurz vor 373] Der Erstgeborne betrat den Mutterleib —
und nicht empfand (es) die Reine. — Er brach auf und ging her-
vor in den Wehen[13] — und es nahm ihn wahr die Schöne. —
Preiswürdig und unsichtbar sein Eintreten, — verächtlich und
sichtbar sein Hervorgehen. — Denn Gott ist er bei seinem Ein-
treten — und Mensch bei seinem Hervorgehen. — Staunen und
Verwirrung zu hören: — Feuer betrat den Mutterleib, —
kleidete sich in den Körper und ging hervor.

21. *Hilarius v. Poitiers* (ca. 315–367)
commentarius in Matthaeum I, 3 (MSL. 9, S. 922A):

[vor 356] (ad Matth 2, 13. 20 et Luc 2, 33) Et quotienscum-
que de utroque fit sermo, mater potius Christi, quia id erat;

---

[13] Zu der Tragweite dieses Ausdruckes im Zusammenhang mit den
beiden umgebenden Verben sowie zu der Frage der virginitas in partu
bei Ephräm überhaupt vgl. E. Beck, Ephraems Reden über den Glau-
ben, Studia Anselmiana 33, S. 96–107.

non uxor Joseph est nuncupata, quia non erat. Sed haec quoque ab angelo ratio servata est: ut cum desponsatam cum justo Joseph significabat, conjugem nuncuparet. Nam ita ait: Joseph fili David, noli timere accipere Mariam conjugem tuam (Matth 1, 20). Ergo et conjugis nomen sponsa suscepit, et post partum in conjugem recognita tantum Jesu mater ostenditur: ut quemadmodum justo Joseph deputaretur ejusdem Mariae in virginitate conjugium, ita venerabilis ejus ostenderetur in Jesu matre virginitas.

22. *Zeno, Bischof von Verona* (362–371/2)
tractatus I, 3, 19 (B. Löfstedt, CC. 22, S. 28):

19. ... et quia suasione per aurem inrepens diabolus Euam uulnerans interemerat, per aurem intrat Christus in Mariam, uniuersa cordis desecat uitia uulnusque mulieris, dum de uirgine nascitur, curat.

tractatus I, 54, 5 (CC. 22, S. 129):

5. O magnum sacramentum! Maria uirgo incorrupta concepit, post conceptum uirgo peperit, post partum uirgo permansit.

23. *Apollinaris von Laodicea* († ca. 390)
ad Jovinianum 2. 3
(H. Lietzmann, Apoll. v. Laod., 1904, S. 251/3):

[363/64] 2. ὁ τοίνυν γεννηθεὶς ἐκ τῆς παρθένου Μαρίας υἱὸς θεοῦ φύσει καὶ θεὸς ἀληθινός, καὶ οὐ χάριτι καὶ μετουσίᾳ, κατὰ σάρκα μόνον τὴν ἐκ Μαρίας ἄνθρωπος, κατὰ δὲ πνεῦμα ὁ αὐτὸς υἱὸς θεοῦ καὶ θεὸς παθὼν μὲν τὰ ἡμέτερα πάθη κατὰ σάρκα ...
3. Εἰ δέ τις παρὰ ταῦτα ἐκ τῶν θείων γραφῶν διδάσκει, ἕτερον λέγων τὸν υἱὸν τοῦ θεοῦ καὶ ἕτερον τὸν ἐκ Μαρίας ἄνθρωπον, κατὰ χάριν υἱοποιηθέντα ὡς ἡμεῖς· ὡς εἶναι δύο υἱούς, ἕνα κατὰ φύσιν υἱὸν θεοῦ, τὸν ἐκ θεοῦ, καὶ ἕνα κατὰ χάριν, τὸν ἐκ Μαρίας ἄνθρωπον· ἢ εἴ τις τὴν τοῦ κυρίου ἡμῶν σάρκα ἄνωθεν λέγει καὶ μὴ ἐκ τῆς παρθένου Μαρίας ἢ τραπεῖσαν τὴν θεότητα εἰς σάρκα ἢ συγχυθεῖσαν ἢ ἀλλοιωθεῖσαν, ἢ παθητὴν τὴν τοῦ υἱοῦ θεότητα ἢ ἀπροσκύνητον τὴν τοῦ κυρίου ἡμῶν σάρκα ὡς ἀνθρώπου, καὶ μὴ προσκυνητὴν ὡς κυρίου καὶ θεοῦ σάρκα, τοῦτον ἀναθεματίζει ἡ καθολικὴ ἐκκλησία πειθομένη τῷ [θείῳ] ἀποστόλῳ λέγοντι „εἴ τις ὑμᾶς εὐαγγελίζεται παρὰ ὃ παρελάβετε, ἀνάθεμα ἔστω. (Gal 1, 9)

24

24. Pseudo-Athanasius (Markell v. Ankyra[14])
de incarnatione dei verbi et contra Arianos 8
(MSG. 26, S. 996A):

[ca. 360/65] Ὁ γὰρ γεννηθεὶς ἄνωθεν ἐκ πατρὸς λόγος
ἀρρήτως, ἀφράστως, ἀκαταλήπτως, ἀϊδίως, ὁ αὐτὸς ἐν χρόνῳ
γεννᾶται. κάτωθεν ἐκ παρθένου θεοτόκου Μαρίας· ἵνα οἱ
κάτωθεν πρότερον γεννηθέντες ἄνωθεν γεννηθῶσιν ἐκ
δευτέρου, τουτέστιν ἐκ θεοῦ. αὐτὸς οὖν μητέρα ἔχει μόνον ἐπὶ
γῆς, καὶ ἡμεῖς πατέρα μόνον ἔχομεν ἐν οὐρανῷ.

25. Athanasius (295–373)
epistula ad Epictetum 7 (G. Ludwig, Athanasii epistula ad
Epictetum, Jena 1911, S. 11 f):

[370/71] 7. ... ἀλλὰ μὴν οὐ φαντασία ἡ σωτηρία ἡμῶν
οὐδὲ σώματος μόνου, ἀλλ' ὅλου ἀνθρώπου ψυχῆς καὶ σώματος
ἀληθῶς ἡ σωτηρία γέγονεν ἐν αὐτῷ τῷ λόγῳ. ἀνθρώπινον
ἄρα φύσει τὸ ἐκ Μαρίας κατὰ τὰς θείας γραφὰς καὶ ἀληθινὸν
ἦν τὸ σῶμα τοῦ σωτῆρος· ἀληθινὸν δὲ ἦν, ἐπειδὴ ταυτὸν ἦν τῷ
ἡμετέρῳ, ἀδελφὴ γὰρ ἡμῶν ἡ Μαρία, ἐπεὶ καὶ οἱ πάντες ἐκ τοῦ
Ἀδάμ ἐσμεν. καὶ τοῦτο οὐκ ἄν τις ἀμφιβάλοι μνησθείς, ὧν
ἔγραψεν ὁ Λουκᾶς· μετὰ γὰρ τὸ ἀναστῆναι ἐκ τῶν νεκρῶν,
δοκούντων τινῶν μὴ ἐν τῷ ἐκ Μαρίας σώματι βλέπειν τὸν
κύριον, ἀλλ' ἀντὶ τούτου πνεῦμα θεωρεῖν, ἔλεγεν (Luc 24,
39. 40), ἴδετε τὰς χεῖράς μου καὶ τοὺς πόδας μου καὶ τοὺς
τύπους τῶν ἥλων, ὅτι ἐγώ εἰμι αὐτός· ψηλαφήσατέ με καὶ
ἴδετε, ὅτι πνεῦμα σάρκα καὶ ὀστέα οὐκ ἔχει, καθὼς ἐμὲ θεω-
ρεῖτε ἔχοντα. καὶ τοῦτο εἰπὼν ἐπέδειξεν αὐτοῖς τὰς χεῖρας καὶ
τοὺς πόδας, ἐξ ὧν καὶ διελέγχεσθαι δύνανται πάλιν οἱ τολμή-
σαντες εἰπεῖν, εἰς σάρκα καὶ ὀστέα ἠλλοιῶσθαι τὸν κύριον.
οὐ γὰρ εἶπεν, καθὼς ἐμὲ θεωρεῖτε σάρκα καὶ ὀστέα ὄντα,
ἀλλ' ἔχοντα, ἵνα μὴ αὐτὸς ὁ λόγος εἰς ταῦτα τραπεὶς νομισθῇ,
ἀλλ' αὐτὸς ἔχων αὐτὰ καὶ πρὸ τοῦ θανάτου καὶ μετὰ τὴν
ἀνάστασιν εἶναι πιστευθῇ.

26. Basilius der Große (ca. 330–379)
homilia in sanctam Christi generationem 5
(ad Matth I, 25) (MSG. 31, S. 1468B):

[vor 370] Τοῦτο δὲ ἤδη ὑπόνοιαν παρέχει, ὅτι μετὰ τὸ
καθαρῶς ὑπηρετήσασθαι τῇ γεννήσει τοῦ κυρίου τῇ ἐπι-
τελεσθείσῃ διὰ τοῦ πνεύματος τοῦ ἁγίου, τὰ νενομισμένα

---

14) Vgl. Tetz ZKG 1964, S. 217ff.

τοῦ γάμου ἔργα μὴ ἀπαρνησαμένης τῆς Μαρίας· ἡμεῖς δέ, εἰ καὶ μηδὲν τῷ τῆς εὐσεβείας παραλυμαίνεται λόγῳ (μέχρι γὰρ τῆς κατὰ τὴν οἰκονομίαν ὑπηρεσίας ἀναγκαία ἡ παρθενία, τὸ δ᾽ ἐφεξῆς ἀπολυπραγμόνητον τῷ λόγῳ τοῦ μυστηρίου), ὅμως διὰ τὸ μὴ καταδέχεσθαι τῶν φιλοχρίστων τὴν ἀκοήν, ὅτι ποτὲ ἐπαύσατο εἶναι παρθένος ἡ θεοτόκος, ἐκείνας ἡγούμεθα τὰς μαρτυρίας αὐτάρκεις.

27. Gregor v. Nyssa († 394)
de virginitate 14 (W. Jaeger—H. Langerbeck, Greg. Nyss. Op. VIII, 1, S. 306 f):

[370/71] ... ἀπὸ γὰρ γενέσεως ἡ φθορὰ τὴν ἀρχὴν ἔχει, ἧς οἱ παυσάμενοι διὰ τῆς παρθενίας ἐν ἑαυτοῖς ἔστησαν τὴν τοῦ θανάτου περιγραφὴν περαιτέρω προελθεῖν αὐτὸν δι᾽ ἑαυτῶν κωλύσαντες καὶ ὥσπερ τι μεθόριον θανάτου καὶ ζωῆς ἑαυτοὺς στήσαντες ἐπέσχον αὐτὸν τῆς ἐπὶ τὸ πρόσω φορᾶς. εἰ οὖν οὐ δύναται παρελθεῖν τὴν παρθενίαν ὁ θάνατος, ἀλλ᾽ ἐν αὐτῇ καταλήγει καὶ καταλύεται, σαφῶς ἀποδείκνυται τὸ κρεῖττον εἶναι τοῦ θανάτου τὴν παρθενίαν .... ὥσπερ γὰρ ἐπὶ τῆς θεοτόκου Μαρίας ὁ βασιλεύσας ἀπὸ Ἀδὰμ μέχρις ἐκείνης θάνατος, ἐπειδὴ καὶ κατ᾽ αὐτὴν ἐγένετο, καθάπερ τινὶ πέτρᾳ τῷ καρπῷ τῆς παρθενίας προσπταίσας περὶ αὐτὴν συνετρίβη, οὕτως ἐν πάσῃ ψυχῇ τῇ διὰ παρθενίας τὴν ἐν σαρκὶ παριούσῃ ζωὴν συντρίβεταί πως καὶ καταλύεται τοῦ θανάτου τὸ κράτος, οὐκ ἔχοντος τίσι τὸ ἑαυτοῦ κέντρον ἐναπερείσηται.

28. Gregor von Nazianz (ca. 329/30—ca. 390)
ep. 101 ad Cledonium (MSG. 37, S. 177C):

[ca. 382] Εἴ τις οὐ θεοτόκον τὴν ἁγίαν Μαρίαν ὑπολαμβάνει, χωρὶς ἐστὶ τῆς θεότητος· εἴ τις (Χριστὸν) ὡς διὰ σωλῆνος τῆς παρθένου δραμεῖν, ἀλλὰ μὴ ἐν αὐτῇ διαπεπλάσθαι λέγοι θεϊκῶς ἅμα καὶ ἀνθρωπικῶς· θεϊκῶς μέν, ὅτι χωρὶς ἀνδρός· ἀνθρωπικῶς δέ, ὅτι νόμῳ κυήσεως, ὁμοίως ἄθεος.

29. Epiphanius v. Salamis († 403)
Panarion haer. 78, 1, 3 (K. Holl, GCS. 37, S. 452):

[ca. 377] Ἀντιδικομαριαμιτῶν γάρ τινες, ὥσπερ ἐχθρίαν πρὸς τὴν παρθένον ἔχοντες καὶ βουλόμενοι κατευτελίζειν ἐκείνης τὸ κλέος, φθόνῳ τινὶ ἀρθέντες ἢ σφάλματι καὶ

26

χρᾶναι βουλόμενοι διανοίας ἀνθρώπων, ἐτόλμησαν λέγειν τὴν ἁγίαν Μαρίαν μετὰ τὴν τοῦ Χριστοῦ γέννησιν ἀνδρὶ συνῆφθαι, φημὶ δὲ αὐτῷ τῷ Ἰωσήφ.

Pan. haer. 78, 5, 5 (GCS. 37, S. 455):

Καινὸν γάρ τι ἀκούω περὶ τῆς ἁγίας Μαρίας τῆς ἀειπαρθένου τινὰ διανοεῖσθαι καὶ τολμᾶν βλάσφημόν τινα ὑπόνοιαν ἐπ᾽ αὐτὴν ἐνσκήπτειν.

Pan. haer. 78, 6, 1 (GCS. 37, S. 456):

... τίς ποτε ἢ ἐν ποίᾳ γενεᾷ τετόλμηκε καλεῖν τὸ ὄνομα Μαρίας τῆς ἁγίας καὶ ἐρωτώμενος οὐκ εὐθὺς ἐπήνεγκε τὸ παρθένος; ἐξ αὐτῶν γὰρ τῶν ἐπιθέτων ὀνομάτων καὶ τῆς ἀρετῆς ὑποφαίνει τὰ τεκμήρια.

Pan. haer. 78, 7, 10 (GCS. 37, S. 458):

Μαρία μὲν γὰρ ὁρμασθεῖσα τῷ Ἰωσὴφ ἐδόκει γυνὴ εἶναι τοῦ ἀνδρός, μὴ ἔχουσα πρὸς αὐτὸν σωμάτων συνάφειαν.

Pan. haer. 78, 10, 10 (GCS. 37, S. 461):

εἰ ἦσαν δὲ τέκνα τῇ Μαρίᾳ καὶ εἰ ὑπῆρχεν αὐτῇ ἀνήρ, τίνι ⟨τῷ⟩ λόγῳ παρεδίδου τὴν Μαρίαν τῷ Ἰωάννῃ καὶ τὸν Ἰωάννην τῇ Μαρίᾳ;

Pan. haer. 78, 10, 13−11, 5 (GCS. 37, S. 461 f):

10, 13...,,καὶ ἀπὸ τῆς ἡμέρας ἐκείνης ἔλαβεν αὐτὴν πρὸς ἑαυτόν". εἰ δὲ εἶχεν ἄνδρα, εἰ εἶχεν οἶκον, εἰ εἶχε τέκνα, εἰς τὰ ἴδια ἀνεχώρει. καὶ οὐ πρὸς τὸν ἀλλότριον. 11, 1. Ἀλλὰ μὴ τοῦτο στραφῇ εἰς βλάβην τισὶ καὶ δόξωσιν ἐν τούτῳ λαμβάνειν πρόφασιν, συνεισάκτους καὶ ἀγαπητὰς ἐπικαλουμένας ἑαυτοῖς ἐπινοεῖν διὰ κακομήχανον ὑπόνοιαν. ἐκεῖσε γὰρ τὰ πράγματα ἐτελεῖτο κατ᾽ οἰκονομίαν, [δὲ] διῃρημένων τῶν πραγμάτων ἀπὸ τῆς ἄλλης ἁπάσης κατὰ θεὸν ὀφειλούσης φυλάττεσθαι ἀκριβείας. καὶ γὰρ ὅτε τοῦτο γεγένητο καὶ παρείληφεν αὐτὴν πρὸς ἑαυτόν, οὐκέτι παρέμεινε παρ᾽ αὐτῷ. 11, 2. ἀλλὰ καὶ εἰ δοκοῦσί τινες ⟨ἡμᾶς⟩ ἐσφάλθαι, ζητήσωσι τὰ ἴχνη τῶν γραφῶν καὶ εὕρωσιν ἂν οὔτε θάνατον Μαρίας οὔτε εἰ τέθνηκεν οὔτε εἰ μὴ τέθνηκεν, οὔτε εἰ τέθαπται οὔτε εἰ μὴ τέθαπται, καίτοι γε τοῦ Ἰωάννου περὶ τὴν Ἀσίαν [ἐν]στειλαμένου τὴν πορείαν· καὶ οὐδαμοῦ λέγει ὅτι ἐπηγάγετο μεθ᾽ ἑαυτοῦ τὴν ἁγίαν παρθένον, ἀλλ᾽ ἁπλῶς ἐσιώπησεν ἡ γραφὴ διὰ τὸ ὑπερβάλλον τοῦ θαύματος, ἵνα μὴ εἰς ἔκπληξιν ἀγάγῃ τὴν διάνοιαν τῶν ἀνθρώπων. 11, 3. ἐγὼ γὰρ οὐ τολμῶ λέγειν, ἀλλὰ διανοούμενος σιωπὴν ἀσκῶ. τάχα γάρ που καὶ

ἴχνη εὕρομεν τῆς ἁγίας ἐκείνης καὶ μακαρίας, ὡς οὔτε εὑρεῖν
ἔστι τὸν θάνατον αὐτῆς. 11,4. πῇ μὲν γὰρ ὁ Συμεὼν φάσκει
περὶ αὐτῆς „καὶ σοῦ αὐτῆς τὴν ψυχὴν διελεύσεται ῥομφαία,
ὅπως ἂν ἀποκαλυφθῶσιν ἐκ πολλῶν καρδιῶν διαλογισμοί"
(Luc 2, 35), πῇ δὲ τῆς Ἀποκαλύψεως Ἰωάννου φασκ ούσης
ὅτι „καὶ ἔσπευδεν ὁ δράκων ἐπὶ τὴν γυναῖκα τὴν γεννήσασαν
τὸν ἄρρενα, καὶ ἐδόθησαν αὐτῇ πτέρυγες ἀετοῦ, καὶ ἐλήφθη
εἰς τὴν ἔρημον, ὅπως ἂν μὴ λάβῃ αὐτὴν ὁ δράκων" (Apoc 12,
13 ff). τάχα δὲ δύναται ἐπ᾿ αὐτῇ πληροῦσθαι· οὐ πάντως δὲ
ὁρίζομαι τοῦτο, καὶ οὐ λέγω ὅτι ἀθάνατος ἔμεινεν· ἀλλ᾿ οὔτε
διαβεβαιοῦμαι εἰ τέθνηκεν. 11,5. ὑπερέβαλε γὰρ ἡ γραφὴ τὸν
νοῦν τὸν ἀνθρώπινον καὶ ἐν μετεώρῳ εἴασε διὰ τὸ σκεῦος τὸ
τίμιον καὶ ἐξοχώτατον, ἵνα μὴ τις ἐν ὑπονοίᾳ γένηται περὶ
αὐτῆς σαρκικῶν πραγμάτων. κἄν τε οὖν τέθνηκεν, οὐκ ἔγνω-
μεν, καὶ εἰ τέθαπται οὐ συνῆπται σαρκί· μὴ γένοιτο.

Pan. haer. 78, 21, 4 (GCS. 37, S. 471):

οὕτω καὶ ἐπὶ τῆς ἐνσάρκου παρουσίας ἀεὶ [καὶ] πρωτότοκός
ἐστι Μαρίας, ἀλλὰ μονογενὴς τῇ Μαρίᾳ πέφυκε, μὴ ἔχων
δεύτερον ἀδελφὸν ἀπ᾿ αὐτῆς.

Pan. haer. 78, 23, 9 (GCS. 37, S. 474):

ἤτοι γὰρ ἀπέθανεν ἡ ἁγία παρθένος καὶ τέθαπται – ἐν τιμῇ
αὐτῆς ἡ κοίμησις καὶ ἐν ἁγνείᾳ ἡ τελευτὴ καὶ ἐν παρθενίᾳ ὁ
στέφανος· ἤτοι ἀνῃρέθη, καθὼς γέγραπται „καὶ τὴν ψυχὴν
αὐτῆς διελεύσεται ῥομφαία" (Luc 2, 35) – ἐν μάρτυσιν αὐτῆς
τὸ κλέος καὶ ἐν μακαρισμοῖς τὸ ἅγιον αὐτῆς σῶμα, δι᾿ ἧς φῶς
ἀνέτειλε τῷ κόσμῳ· ἤτοι δὲ ἔμεινε· καὶ γὰρ οὐκ ἀδυνατεῖ τῷ
θεῷ πάντα ποιεῖν ὅσαπερ βούλεται· τὸ τέλος γὰρ αὐτῆς οὐδεὶς
ἔγνω.

Pan. haer. 79, 1, 1–7 (GCS. 37, S. 475 f):

1. Ἑξῆς δὲ ταύτῃ ⟨ἄλλη⟩ εἰς φήμην πέφηνεν αἵρεσις, περὶ
ἧς ἤδη ὑπεμνήσαμεν ὀλίγα ἐν τῇ πρὸ ταύτης, διὰ τῆς εἰς
Ἀραβίαν γραφείσης ἐπιστολῆς τῆς περὶ τῆς Μαρίας ἐχούσης.
2. καὶ αὕτη δὲ ἡ αἵρεσις πάλιν ἐν τῇ Ἀραβίᾳ ἀπὸ τῆς Θρᾴκης
καὶ τῶν ἄνω μερῶν τῆς Σκυθίας ἀνεδείχθη καὶ εἰς ἡμῶν
ἀκοὰς ἀνηνέχθη· ἥτις ἐστὶ καὶ αὐτὴ γελοῖος καὶ χλεύης
ἔμπλεως παρὰ τοῖς συνετοῖς εὑρισκομένη. 3. ἀρξώμεθα
⟨γοῦν⟩ περὶ αὐτῆς φράσαι καὶ τὰ κατ᾿ αὐτὴν διηγήσασθαι·
εὐηθείας γὰρ μᾶλλον κριθήσεται ἥπερ συνέσεως αὕτη,
καθὼς καὶ ἄλλαι ὅμοιαι ταύτῃ ἦσαν. 4. ὡς γὰρ ἄνω πολὺ
διὰ τῆς πρὸς Μαρίαν ὕβρεως οἱ δόξαντες ταῦτα ὑπονοεῖν
βλαβερὰς ὑπονοίας ⟨ἐν⟩σπείρουσι λογισμοῖς ἀνθρώπων, οὕτω

28

καὶ οὗτοι ἐπὶ τὸ ἕτερον μέρος κλίναντες ἐν ἀκρότητι βλάβης
καταλαμβάνονται, ὅπως κἀκεῖνο τὸ παρά τισι τῶν ἔξωθεν
φιλοσόφων ᾀδόμενον καὶ ἐν αὐτοῖς πληρωθήσεται ἐν τῷ
λέγειν, αἱ ἀκρότητες ἰσότητες. 5. ἴση γὰρ ἐπ᾽ ἀμφοτέραις
ταύταις ταῖς αἱρέσεσιν ἡ βλάβη, τῶν μὲν κατευτελιζόντων
τὴν ἁγίαν παρθένον, τῶν δὲ πάλιν ὑπὲρ τὸ δέον δοξαζόντων. 6.
οὗτοι γὰρ οἱ τοῦτο διδάσκοντες τίνες εἰσὶν ἀλλ᾽ ἢ γυναῖκες;
γυναικῶν γὰρ τὸ γένος εὐόλισθον, σφαλερὸν δὲ καὶ ταπεινὸν τῷ
φρονήματι. 7. καὶ αὐτόθι γὰρ ἔδοξεν ἀπὸ γυναικῶν ὁ
διάβολος ἐξεμεῖν, ὡς καὶ ἄνω παρὰ Κυΐντίλλῃ καὶ Μαξιμίλλῃ
καὶ Πρισκίλλῃ περιγέλαστα [τὰ] διδάγματα, οὕτω καὶ
ἐνταῦθα. τινὲς γὰρ γυναῖκες κουρικόν τινα κοσμοῦσαι ἤτοι
δίφρον τετράγωνον, ἁπλώσασαι ἐπ᾽ αὐτὸν ὀθόνην, ἐν ἡμέρᾳ
τινὶ φανερᾷ τοῦ ἔτους [ἐν ἡμέραις τισὶν] ἄρτον προτιθέασι καὶ
ἀναφέρουσιν εἰς ὄνομα τῆς Μαρίας, αἱ πᾶσαι δὲ ἀπὸ τοῦ ἄρτου μετα-
λαμβάνουσιν, ὡς ἐν αὐτῇ τῇ εἰς τὴν Ἀραβίαν ἐπιστολῇ γράφοντες
ἐκ μέρους περὶ τούτου διελέχθημεν. νῦν δὲ σαφῶς τὰ περὶ
αὐτῆς λέξομεν, καὶ τὰς κατ᾽ αὐτῆς ἀνατροπὰς θεὸν αἰτησάμε-
νοι κατὰ τὸ δυνατὸν παραθησόμεθα, ὅπως τῆς εἰδωλοποιοῦ
ταύτης αἱρέσεως τὰς ῥίζας ἐκτεμόντες ἀπὸ τινων τὴν τοιαύτην
λύσσαν καταλῦσαι ἐν θεῷ δυνηθῶμεν.

Pan. haer. 79, 3, 1 (GCS. 37, S. 477):

3. ... εἰ ἱερατεύειν γυναῖκες θεῷ προσετάσσοντο ἢ κανονικόν
τι ἐργάζεσθαι ἐν ἐκκλησίᾳ, ἔδει μᾶλλον αὐτὴν τὴν Μαρίαν
ἱερατείαν ἐπιτελέσαι ἐν καινῇ διαθήκῃ, τὴν καταξιωθεῖσαν
ἐν κόλποις ἰδίοις ὑποδέξασθαι τὸν παμβασιλέα, θεὸν ἐπουρά-
νιον, υἱὸν τοῦ θεοῦ, ἧς ἡ μήτρα ναὸς γενομένη καὶ κατοικητή-
ριον εἰς τὴν τοῦ κυρίου ἔνσαρκον οἰκονομίαν κατὰ φιλανθρω-
πίαν θεοῦ καὶ ἔκπληκτον μυστήριον ἡτοιμάσθη.

Pan. haer. 79, 4, 6 (GCS. 37, S. 479):

6. ναὶ μὴν ἅγιον ἦν τὸ σῶμα τῆς Μαρίας, οὐ μὴν θεός, ναὶ
δὴ παρθένος ἦν ἡ παρθένος καὶ τετιμημένη, ἀλλ᾽ οὐκ εἰς
προσκύνησιν ἡμῖν δοθεῖσα, ἀλλὰ προσκυνοῦσα τὸν ἐξ αὐτῆς
σαρκὶ γεγεννημένον, ἀπὸ οὐρανῶν δὲ ἐκ κόλπων πατρῴων
παραγενόμενον.

Pan. haer. 79, 7, 5 (GCS. 37, S. 482):

5. ... ἐν τιμῇ ἔστω Μαρία, ὁ δὲ πατὴρ καὶ υἱὸς καὶ ἅγιον
πνεῦμα προσκυνείσθω, τὴν Μαρίαν μηδεὶς προσκυνείτω.

Pan. haer. 79, 9, 3 (GCS. 37, S. 484):

3. ... ἤτοι γὰρ ὡς αὐτὴν προσκυνοῦντες τὴν Μαρίαν αὐτῇ προσφέρουσι τὴν κολλυρίδα αἱ ἀργαὶ αὗται γυναῖκες ἤτοι ὑπὲρ αὐτῆς προσφέρειν ἐπιχειροῦσι τὴν προειρημένην ταύτην σαθρὰν κάρπωσιν, τὸ πᾶν ἐστιν ἠλίθιον καὶ ἀλλότριον καὶ ἐκ δαιμόνων κινήσεως φρύαγμά τε καὶ ἀπάτη.

30. Ambrosius von Mailand (339–387)

a) de spiritu sancto III, 11, 80 (O. Faller, CSEL. 79, S. 183):

[381] 80. Ac ne quis hoc derivet ad virginem: Maria erat templum dei, non deus templi, et ideo ille solus adorandus, qui operabatur in templo.

b) expositio evangelii secundum Lucam II, 54
(C. Schenkl, CSEL. 32, S. 71):

[Endredaktion 389] Maria autem conseruabat omnia haec uerba conferens in corde suo (Luc 2, 19). discamus sanctae uirginis in omnibus castitatem, quae non minus ore pudica quam corpore argumenta fidei conferebat in corde. si Maria a pastoribus discit, cur tu declinas discere a sacerdotibus? si Maria ante praecepta apostolica tacet, cur tu post apostolica praecepta magis cupis docere quam discere? disce personae uitium esse, non sexus; sexus enim sanctus. denique Maria praeceptum non accepit, exemplum edidit.

c) ep. 42, 4. 5 (MSL. 16, S. 1125AB[15]):

[ca. 390] 4. Quanta dementia funestorum latratuum, ut iidem dicerent Christum ex Virgine non potuisse generari, qui asserunt ex muliere, editis humanorum pignorum partubus, virgines permanere? Aliis ergo praestat Christus, quod sibi, ut dicunt, praestare non potuit? Ille vero, etsi carnem suscepit, etsi homo factus est, ut hominem redimeret, atque a morte revocaret: inusitato tamen, quasi Deus, itinere venit in terras, ut quemadmodum dixerat: „Ecce facio omnia nova (Jes 43, 19)“, partu etiam immaculatae Virginis nasceretur, et sicut scriptum est, ut crederetur nobiscum Deus. Sed de via perversitatis produntur dicere: Virgo concepit, sed non virgo generavit. Potuit ergo virgo concipere, non potuit virgo generare; cum semper conceptus praecedat, partus sequatur?

───────

15) in anderen Exemplaren 1173A–1174B.

30

5. . . . (Luc 1, 38). Haec est Virgo quae in utero concepit:
virgo, quae peperit filium.

d) de institutione virginis I, 8, 52 (MSL. 16, S. 320A[16]):

[ca. 391] (ad Ez 44, 1 f) Quae est haec porta, nisi Maria;
ideo clausa, quia virgo? Porta igitur Maria, per quam Christus
intravit in hunc mundum, quando virginali fusus est partu, et
genitalia virginitatis claustra non solvit. Mansit intemeratum
septum pudoris, et inviolata integritatis duravere signacula,
cum exiret ex virgine, cujus altitudinem mundus sustinere non
posset.

e) ep. 63, 33 (MSL. 16, S. 1198BC[17]):

[ca. 396] Quid autem loquar quanta sit virginitatis gratia, quae
meruit a Christo eligi, ut esset etiam corporale Dei templum,
in qua corporaliter, ut legimus (Kol 2, 9), habitavit plenitudo
divinitatis? Virgo genuit mundi salutem, virgo peperit vitam
universorum. Sola ergo non debet esse virginitas, quae omnibus
in Christo profuit? Virgo portavit, quem mundus iste capere
ac sustinere non potest. Qui cum ex Mariae nasceretur utero,
genitalis tamen septum pudoris, et intemerata virginitatis
conservavit signacula. Itaque in Virgine Christus reperit, quod
suum esse vellet, quod sibi omnium Dominus assumeret. Per
virum autem et mulierem caro ejecta de paradiso, per virginem
juncta est Deo.

31. *Hieronymus* (ca. 347–419/20)

a) de perpetua virginitate B. Mariae adv. Helvidium
I, 4. 9. 19 (Vall. II. 208. 214. 266 f = MSL. 23,
S. 196A. 201D. 213AB):

[ca. 383] 4. Igitur cum Evangelista dicat: Priusquam
convenirent (Matth 1, 18), proximum nuptiarum tempus
ostendit, et in eo jam rem fuisse ut, quae prius sponsa fuerat,
esse uxor inciperet. Quasi dixerit: Antequam oscula amplexus-
que miscerent; antequam rem agerent nuptiarum, inventa est
habens in utero. Inventa est autem a nullo alio, nisi a Joseph,
qui sponsae uterum tumentem pene jam licentia maritali, et

---

[16] in anderen Exemplaren 334C.
[17] in anderen Exemplaren 1249C–1250A.

curiosis oculis deprehendit. Non tamen sequitur, ut prioribus
docuimus exemplis, eum cum Maria convenisse post partum,
cujus conveniendi desiderium, uteri conceptione sublatum est.
9. Helvidius. − . . . Vult enim alios quoque filios Mariam
procreasse; et ex eo quod scriptum est . . . (folgt Luc 2, 4 ff):
nititur approbare primogenitum non posse dici, nisi eum qui
habeat et fratres: sicut unigenitus ille vocatur, qui parentibus
solus sit filius. 19. . . . Natum Deum esse de Virgine credimus,
quia legimus. Mariam nupsisse post partum, non credimus, quia
non legimus. Nec hoc ideo dicimus, quo nuptias condemnemus,
ipsa quippe virginitas fructus est nuptiarum . . . Tu dicis Mariam
virginem non permansisse: ego mihi plus vindico, etiam ipsum
Joseph virginem fuisse per Mariam, ut ex virginali conjugio
virgo filius nasceretur.

   b) liber interpretationis Hebraicorum nominum
           (P. de Lagarde, CC. 72, S. 76):

[ca. 390] Maria inluminatrix mea uel inluminans eos aut
zmyrna maris aut stilla maris.

   c) adversus Jovinianum I, 32 (Vall. II, 287 f = MSL. 23,
                     S. 266AB):

[nach 393] (Jes 7, 14) Judaeos opponere solere in Hebraeo
verbum ALMA non virginem sonare, sed adolescentulam. Et
revera virgo proprie BETHULA appellatur, adolescentula
autem vel puella, non ALMA dicitur, sed NAARA. Quid est
igitur quod significat ALMA? Absconditam virginem, id est,
non solum virginem, sed cum ἐπιτάσει virginem; quia non
omnis virgo abscondita est, nec ab hominum fortuito separata
conspectu.

   d) Apologia adv. libros Rufini II, 4
     (Vall. II, 493 = MSL. 23, S. 446D—447A):

[401] . . . anima ista, quam suscepit Jesus, eratne antequam
nasceretur ex Maria? an in origine virginali, quae de Spiritu
sancto nascebatur, cum corpore simul creata est, vel jam in
utero corpore figurato, statim facta et missa est de coelo?
E tribus unum quid sentias scire desidero. Si fuit antequam
nasceretur ex Maria, necdum ergo erat anima Jesu, et agebat
aliquid, ac propter merita virtutum postea facta est anima
ejus. Si cepit ex traduce, humanarum igitur animarum, quas
aeternas fatemur, et brutorum animantium, quae cum corpere

dissolvuntur, una conditio est. Sin autem figurato corpore statim creatur et mittitur, fatere simpliciter, et nos scrupulo libera.

32. *Didymus der Blinde* († ca. 398)
Psalmenkommentar[18] zu Ps. 30, 21, Tura Pap. 153, 1–8
(M. Gronewald–A. Gesché, PTA. 8, S. 120):

[zwischen 350 u. 398] 1. ... εἰ καὶ οὐκ ἔχει ἐκ πατρὸς τὸ εἶναι, ἀλλ' ἐκ μη[τρός ἐστιν. οὕ]τω γοῦν „γενόμενος 2. ἐκ γυναικὸς" εἴρηται. πάντες ἐξ ἀνδρῶν γίνονται· τοῦτο γὰρ καὶ ὁ Παῦλος [γράφει· „ἐξ] ἀνδρὸς" γίνεται ὁ ἄνθρωπος, 3. „διὰ γυναικός" δέ· ἐκ τοῦ ἀνδρὸς γὰρ ἡ καταβολὴ γίνεται τοῦ σπέρματος, διὰ τῆς [γυναικὸς] δὲ ἡ μόρφωσις καὶ ἡ 4. ἀπότεξις. ἐπεὶ τοίνυν οὐκ ἔχει οὗτος τὸ ἐξ ἀνδρὸς καὶ τὸ διὰ γυναικός, ἀλλ' [ἐκ γυναι]κός – τὴν ὅλην γὰρ ὕλην. 5. ἐκ τῆς γυναικὸς ἔλαβεν, οὐ κατὰ τοὺς ἄλλους ἀνθρώπους· „Ἰακὼβ δὲ ἐγέννησεν [τὸν Ἰωσ]ὴφ τὸν ἄνδρα Μαρίας, ἐξ ἧς 6. ἐγεννήθη ὁ Χριστός": οὐκ εἶπεν „δι' ἧς" –, καὶ κατὰ τοῦτο οὖν „υἱὸς ἀνθρώπου" χρηματίζει· εἰ γὰ[ρ ἁπλῶ]ς ἄνθρωπος ἐλέγετο, ὑπελάμ- 7. βανον οἱ δοκηταὶ ὅτι πέφηνεν ἄνθρωπος οὐκ ἐξ ἀνθρώπου ἔχων γένεσιν ἢ ἀρχήν. [ἵνα δεί]ξῃ οὖν ὅτι ἐκ τῆς Μαρίας 8. ἐστίν, εἶπεν ἑαυτὸν „υἱὸν ἀνθρώπου".

33. *Johannes Chrysostomus* (ca. 344/54–407)
a) hom. 21, 2. 3 in Joh 2, 4 (MSG. 59, S. 130, 131):

[389] 2. ... Ἐπειδὴ δὲ ἤκουσεν (Maria), ὅτι Ἰωάννης δι' αὐτὸν ἦλθε, καὶ ὅτι αὐτῷ ἐμαρτύρησεν ἅπερ ἐμαρτύρησε, καὶ ὅτι μαθητὰς ἔσχε, τότε λοιπὸν θαρροῦσα παρακαλεῖ, καὶ ὑστερήσαντος οἴνου, λέγει· Οἶνον οὐκ ἔχουσιν. Ἐβούλετο γὰρ καὶ ἐκείνοις καταθέσθαι χάριν, καὶ ἑαυτὴν λαμπροτέραν ποιῆσαι διὰ τοῦ παιδός. Καὶ τάχα τι καὶ ἀνθρώπινον ἔπασχε, καθάπερ καὶ οἱ ἀδελφοὶ αὐτοῦ, λέγοντες, Δεῖξον σεαυτὸν τῷ κόσμῳ, βουλόμενοι τὴν ἀπὸ τῶν θαυμάτων δόξαν καρπώσασθαι. Διὰ τοῦτο καὶ αὐτὸς σφοδρότερον ἀπεκρίνατο, λέγων· Τί ἐμοὶ καὶ σοί, γύναι; Οὔπω ἥκει ἡ ὥρα μου ...
3. ... Ἔμελε γὰρ αὐτῷ καὶ τῆς εἰς τὴν μητέρα τιμῆς, πολλῷ δὲ πλέον τῆς σωτηρίας τῆς κατὰ ψυχὴν, καὶ τῆς τῶν πολλῶν εὐεργεσίας, δι' ἣν καὶ τὴν σάρκα ὑπέδυ. Οὐ τοίνυν ἀπαυθαδιαζομένου πρὸς τὴν μητέρα ταῦτα τὰ ῥήματα ἦν, ἀλλ'

---

18) Kollegnachschrift aus dem Schulbetrieb, daher auch nur schwer genauer datierbar. Vgl. auch Nr. 35.

οἰκονομίας πολλῆς ῥυθμιζούσης αὐτήν τε ἐκείνην, καὶ τὰ
θαύματα μετὰ τῆς προσηκούσης γενέσθαι παρασκευαζούσης
ἀξίας. Ἐπεὶ ὅτι σφόδρα αὐτὴν ἐτίμα, καὶ χωρὶς τῶν ἄλλων
αὐτὸ τοῦτο τὸ δοκοῦν ἐπιτιμητικῶς εἰρῆσθαι, μάλιστα ἱκανὸν
ἐμφῆναι.

b) hom. 4, 3 in Matth 1, 18 (MSG. 57, S. 43):

[390] Μηδὲ νομίσῃς τὸ πᾶν μεμαθηκέναι, ἐκ Πνεύματος
ἀκούων· καὶ γὰρ πολλὰ ἀγνοοῦμεν ἔτι, καὶ τοῦτο μανθάνοντες·
οἷον, πῶς ὁ ἄπειρος ἐν μήτρᾳ ἐστί· πῶς ὁ πάντα συνέχων
κυοφορεῖται ὑπὸ γυναικός· πῶς τίκτει ἡ Παρθένος, καὶ μένει
παρθένος. Πῶς ἔπλασεν, εἰπέ μοι, τὸ Πνεῦμα τὸν ναὸν ἐκεῖνον;
πῶς οὐ πᾶσαν τὴν σάρκα ἀπὸ τῆς μήτρας ἔλαβεν, ἀλλὰ μέρος
αὐτῆς, καὶ ηὔξησε καὶ διετύπωσεν; Ὅτι μὲν γὰρ ἀπὸ τῆς
σαρκὸς τῆς Παρθένου προῆλθεν, ἐδήλωσεν εἰπών· Τὸ γὰρ
ἐν αὐτῇ γεννηθέν (Matth 1, 20)· καὶ ὁ Παῦλος, Γενόμενος ἐκ
γυναικός (Gal 4, 4)· ἐπιστομίζων τοὺς λέγοντας, ὅτι ὥσπερ
διά τινος σωλῆνος παρῆλθεν ὁ Χριστός. Εἰ γὰρ τοῦτο ἦν, τίς
χρεία τῆς μήτρας; Εἰ τοῦτο ἦν, οὐδὲν ἔχει κοινὸν πρὸς ἡμᾶς·
ἀλλ᾽ ἄλλη τίς ἐστιν ἐκείνη ἡ σάρξ, οὐ τοῦ φυράματος τοῦ ἡμετέ-
ρου. Πῶς οὖν ἐκ τῆς ῥίζης Ἰεσσαί; πῶς δὲ ῥάβδος; πῶς υἱὸς
ἀνθρώπου; πῶς δὲ μήτηρ ἡ Μαριάμ; πῶς ἐκ σπέρματος Δαυΐδ;
πῶς μορφὴν δούλου ἔλαβε; πῶς Ὁ Λόγος ἐγένετο σάρξ; πῶς
δὲ Ῥωμαίοις φησὶν ὁ Παῦλος· Ἐξ ὧν ὁ Χριστὸς τὸ κατὰ σάρκα,
ὁ ὢν ἐπὶ πάντων Θεός (Rom 9, 5); Ὅτι μὲν οὖν ἐξ ἡμῶν καὶ
τοῦ φυράματος τοῦ ἡμετέρου, καὶ τῆς μήτρας τῆς παρθενικῆς,
δῆλον ἐκ τούτων καὶ ἐξ ἑτέρων πλειόνων· τὸ δὲ πῶς, οὐκέτι
δῆλον. Μὴ τοίνυν μηδὲ σὺ ζήτει, ἀλλὰ δέχου τὸ ἀποκαλυφθὲν,
καὶ μὴ περιεργάζου τὸ σιγηθέν.

34. Theodor von Mopsuestia (350–428)
a) de incarnatione XV, fr. 2 (H. B. Swete, Theod. Mops. in ep. B.
Pauli Comm. Bd. II, S. 310):

[vor 392] ὅταν τοίνυν ἐρωτῶσιν „ἀνθρωποτόκος ἢ θεο-
τόκος ἡ Μαρία," λεγέσθω παρ᾽ ἡμῶν „ἀμφότερα·" τὸ μὲν γὰρ
τῇ φύσει τοῦ πράγματος, τὸ δὲ τῇ ἀναφορᾷ. ἀνθρωποτόκος
μὲν γὰρ τῇ φύσει, ἐπείπερ ἄνθρωπος ἦν ὁ ἐν τῇ κοιλίᾳ τῆς
Μαρίας, ὡς καὶ προῆλθεν ἐκεῖθεν· θεοτόκος δέ, ἐπείπερ θεὸς
ἦν ἐν τῷ τεχθέντι ἀνθρώπῳ, οὐκ ἐν αὐτῷ περιγραφόμενος
κατὰ τὴν φύσιν, ἐν αὐτῷ δὲ ὢν κατὰ τὴν σχέσιν τῆς γνώμης.

34

b) contra Apollinarium III (Swete II, S. 313):

[zwischen 415 u. 418] ἔστιν μὲν γὰρ ἀνόητον τὸ τὸν θεὸν ἐκ τῆς παρθένου γεγεννῆσθαι λέγειν. τοῦτο γὰρ οὐδὲν ἕτερόν ἐστιν ἢ ἐκ σπέρματος αὐτὸν λέγειν Δαβίδ, ἐκ τῆς οὐσίας τῆς παρθένου τετεγμένον καὶ ἐν αὐτῇ διαπεπλασμένον· ἐπεί γε τὸ [ἐκ] σπέρματος Δαβίδ καὶ ἐκ τῆς οὐσίας τῆς παρθένου συστὰν ἐν τῇ μήτρᾳ γαστρὶ καὶ τῇ τοῦ ἀγίου πνεύματος διαπλασθὲν δυνάμει γεγεννῆσθαι φαμὲν ἐκ τῆς παρθένου.

35. *Pseudo-Didymus*[19] (4./5. Jahrh.)
de trinitate 3, 4 (MSG. 39, S. 832CD):

Συναντιλαμβάνεται δὲ ἡμῖν, εἰς μὲν τὸ πρωτότοκος καὶ μονογενής, τὸ διηγήσασθαι τὸν εὐαγγελιστήν, ὅτι ἔμεινε παρθένος „ἕως ἔτεκε τὸν υἱὸν αὐτῆς τὸν πρωτότοκον" (Matth 1, 25) · οὔτε γὰρ ἐγαμήθη τινὶ ἡ τιμιωτέρα πάντων καὶ εὐκλεεστάτη Μαρία, οὔτ᾽ ἄλλου μήτηρ ἐγένετό ποτε· ἔμεινε δὲ καὶ μετὰ κυοφορίαν ἀεὶ καὶ διὰ παντὸς ἄμωμος παρθένος.

36. *Pseudo-Gregorius-Thaumaturgos* (4./5. Jahrh.)
a) homilia I in annuntiatione sanctae Virginis Mariae
(MSG. 10, S. 1148C—49A)

(Luc 1, 35). Ὁ γάρ ἐστι, τοῦτο καὶ πάντως κληθήσεται. Πρεπόντως ἄρα τὴν ἀγίαν Μαριὰμ ἐκ πασῶν γενεῶν μόνην ἡ χάρις ἐκλέλεκται. Σοφὴ γὰρ ὄντως κατὰ πάντα ἐτύγχανεν· οὐκ ὁμοία αὐτῇ ἐκ πασῶν γενεῶν τις γέγονεν πώποτε. Οὐχ ὡς ἡ πρώην παρθένος Εὔα μόνη ἐν παραδείσῳ χορεύουσα, χαύνη τῇ διανοίᾳ, ἀπεριέργως παρὰ τοῦ ἀρχεκάκου ὄφεως τὸν λόγον ἐδέξατο, καὶ οὕτως ἐφθάρη τὸ τῆς διανοίας φρόνημα· καὶ δι᾽ αὐτῆς ὁ δόλιος τὸν ἰὸν ἐκχέας, καὶ τὸν θάνατον συγκεράσας, εἰς πάντα τὸν κόσμον εἰσήγαγεν· καὶ διὰ τοῦτο πᾶς ὁ μόχθος τῶν ἀγίων ἐγένετο· ἀλλ᾽ ἐν μόνῃ τῇ ἀγίᾳ Παρθένῳ, τὸ ἐκείνης πταῖσμα ἀνασέσωσται. Καὶ οὐ πρότερον ἡ ἀγία τὸ δῶρον ἐκαρτέρησεν ὑποδέξασθαι, πρὶν ἂν μάθῃ τίς ὁ πέμπων, καὶ τί τὸ δῶρον, καὶ τίς ὁ φέρων.

---

[19] Die Zuweisung an Didymus ist mehr als umstritten; vgl. Doutreleau, RSR. 1957, S. 514—557 (negativ) und Koenen, Archiv f. Pap. Forsch. XVII, 1, 1960, S. 61—105 (positiv). Vgl. jetzt auch Bienert ‹Allegoria› und ‹Anagoge› bei Didymus, PTS 13, S. 16—20, der sich gegen die Echtheit ausspricht.

b) homilia II in annuntiatione sanctae Virginis Mariae
(MSG. 10, S. 1156CD):

Ἐπειδὴ γὰρ ἡ ἁγία Μαρία ἐν σαρκὶ οὖσα, τὴν ἄφθαρτον πολιτείαν ἐκέκτητο, ἀρεταῖς τε παντοίαις πολιτευσαμένη, καὶ βιώσασα κρεῖττον ἢ κατὰ ἄνθρωπον· διὰ τοῦτο, ὁ ἐκ Θεοῦ Πατρὸς Λόγος σάρκα ἀναλαβεῖν, καὶ τέλειον ἀνθρώπινον ἐξ αὐτῆς κατηξίωσεν· ἵνα δι᾽ ἧς σαρκὸς ἡ ἁμαρτία εἰς τὸν κόσμον εἰσῆλθεν, καὶ διὰ τῆς ἁμαρτίας ὁ θάνατος, διὰ τῆς αὐτῆς σαρκὸς κατακριθῇ ἡ ἁμαρτία ἐν τῇ σαρκί, καὶ νικηθῇ ὁ τῆς ἁμαρτίας πειραστής, ἐν τῇ ταφῇ τοῦ ἁγίου σώματος· καὶ ἀρχὴ ἀναστάσεως ἅμα ἀποδεχθῇ, καὶ ζωὴ αἰώνιος ἐν κόσμῳ πολιτευθῇ, καὶ Θεοῦ Πατρὸς ἀνθρώποις γένηται κοινωνία.

37. *Die Geschichte von Joseph dem Zimmermann* (4./5. Jahrh.)
c. 3. 6. 17, 5–7. 20. 23. 24, 2+3 (S. Morenz, TU. 56, S. 3. 4. 10 f. 15 f. 19. 21)

38. *Siricius papa* (384–399)
ep. 9, 3 (MSL. 13, S. 1177B; Mansi III, 675AB):

[392] Sane non possumus negare de Mariae filiis jure reprehensum, meritoque vestram sanctitatem abhorruisse, quod ex eodem utero virginali, ex quo secundum carnem Christus natus est, alius partus effusus sit. Neque enim elegisset Dominus Jesus nasci per virginem, si eam judicasset tam incontinentem fore, ut illud genitale Dominici corporis, illam aulam Regis aeterni, concubitus humani semine coinquinaret. Qui enim hoc astruit, nihil aliud nisi perfidiam Judaeorum astruit, qui dicunt eum non potuisse nasci ex virgine. Nam si hanc accipiant a sacerdotibus auctoritatem, ut videatur Maria partus fudisse plurimos, majore studio veritatem fidei expugnare contendent.

39. *Maximus von Turin* († zwischen 408 und 423)
a) Sermo 38. 4 de cruce et resurrectione domini
(A. Mutzenbecher, CC. 23, S. 150):

[zwischen 395 u. 415] 4. . . . Beatum ergo corpus domini Christi, quod cum nascitur utero uirginis gignitur, cum recedit iusti tumulo conmendatur! Beatum plane corpus, quod uirginitas peperit et iustitia custodiuit! Custodiuit illud Ioseph tumulus incorruptum, sicut seruauit illum Mariae

36

uterus inlibatum. Hic enim uiri pollutione non tangitur, ibi
mortis corruptione non laeditur, ubique beato corpori defertur
sanctitas ubique uirginitas. Nouus illum uenter concepit,
nouus tumulus includit. Dominica ergo et uirgo uulua et uirgo
est sepultura, quin potius ipsam sepulturam uuluam dixerim;
est enim similitudo non parua. Sicut enim dominus de matris
uulua uiuus exiuit, ita et de Ioseph uiuus sepultura surrexit; et
sicut tunc de utero ad praedicandum natus est, ita et nunc
ad euangelizandum renatus est de sepulchro, nisi quod gloriosior
ista est quam illa natiuitas. Illa enim corpus mortale genuit,
haec edidit inmortale; post illam natiuitatem ad inferos descen-
ditur, post hanc remeatur ad caelos. Religiosior plane est ista
quam illa natiuitas. Illa enim totius mundi dominum nouem
mensibus in utero clausum tenuit, haec autem tridui tantum
tumuli gremio custodiuit; illa cunctorum spem tardius protulit,
haec omnium salutem citius suscitauit.

b) Sermo 61 b, 3 de natale domini salvatoris[20](CC. 23, S. 254):

3. . . . Duobus et tribus testibus stabit omne uerbum (Deut
19, 15). Ecce enim uerbum dei nascitur testimonio trinitatis.
Nam utique in utero sanctae Mariae, cum spiritus sanctus su-
peruenit cum obumbrat altissimus cum Christus generatur,
confessio in eo fidei continetur. Dignum enim erat, ut mater
salutem populis editura prius in uisceribus suis confirmaret
mysterium trinitatis, et intellegeremus ante saluatoris ortum
confirmatum esse fidei sacramentum. Maria enim tamquam in
sacrario uentris sui portauit cum mysterio sacerdotem. Nam
quidquid in saeculo profuturum erat, id totum de eius uentre
processit, deus sacerdos et hostia: deus resurrectionis sacerdos
oblationis hostia passionis. Hoc autem totum in Christo
agnoscimus. Deus enim est quod ad patrem redit, pontifex
quod se obtulit, uictima quod pro nobis occisus est. Mariae
ergo uterum non uterum dixerim fuisse sed templum. Templum
plane est in quo habitat sanctum quidquid in caelo est, nisi
quod super caelos aestimandum est, ubi quasi in secretiore
tabernaculo mysterium a diuinitate disponitur, quemadmo-
dum a pluribus ascendatur ad caelum. Super caelos plane
aestimandus est uterus Mariae, quia filium dei gloriosiorem
remisit ad caelum quam de caelo descenderat.

---

[20] Autorschaft umstritten, ambrosianische Herkunft möglich,
entsprechend ist zu datieren.

c) Sermo 61c, 2 dictum post natalem domini salvatoris[21]
(CC. 23, S. 257):

2. . . . Dignum enim est, ut saluatorem quem uirginitas
inmaculata genuit, uoluntas incorrupta possideat; et sicut
Maria eum inlibata gestauit, ita et anima nostra illum inpolluta
custodiat. Maria enim typum quendam nostrarum animarum
gerebat. Nam Christus sicut uirginitatem in matre quaesiuit,
ita et integritatem in nostro requirit affectu. Virgo enim a
peccatis anima saluatorem et concepit et parturit dum praedicat,
custodit dum mandata prosequitur. Conceptum enim fides
retinet partum confessio emittit ortum sollicitudo custodit.

40. *Gaudentius von Brescia* († nach 406)
tractatus paschales 9, 5. 6. 8. 12 (A. Glück, CSEL. 68, S. 76—78):

5. Sed dicat fortasse aliquis parvae fidei ac parum prudens
virginem quidem Mariam non ex viro concepisse Christum,
sed de spiritu sancto, ut in evangelio ad eam loquitur arch-
angelus Gabrihel, nato tamen Christo virginem dici ultra non
posse, quam constet edidisse partum; et ideo non dixisse
Christum: Quid mihi et tibi est, virgo? sed: Quid mihi et tibi
est, mulier? (Joh 2, 4) 6. . . . Nascitur autem filius dei in
homine, ut vel ita conditorem suum intueri caperet mundus,
et nascitur de spiritu sancto ex virgine, ut hominem, quem
de limo terrae plasmaverat, sancto spiritu ex massa eadem
reformaret. 8. . . . incorrupta virgo peperit, quod intacta virgo
concepit . . . 12. . . . Utique ut sic illa, cum virgo sit, mulier
appelletur veritate sexus, non detrimento integritatis, quomodo
deus dei filius ob dispensationem salutis nostrae sub lege fac-
tus esse praedicetur, cum dator ipse sit legis. Hoc totum pro
beatitudine Mariae dixerim, cum illam Christus mulierem
nuncupaverit, quae divino partu sic coepit esse mater, ut virgo
sacratior permaneret.

41. *Aurelius Augustinus* (354—430)
a) de sancta virginitate 4. 6 (J. Zycha, CSEL. 41, S. 237 f. 239 f):

[401] 4. Ipsa quoque uirginitas eius ideo gratior et acceptior,
quia non eam conceptus Christus uiro uiolaturo quam conser-
uaret ipse praeripuit, sed priusquam conciperetur iam deo

---

[21] Autorschaft zweifelhaft. Im Falle der Echtheit ist auf 395—415
zu datieren; wahrscheinlich ist das Stück aber (erheblich?) jünger.

38

dicatam de qua nasceretur elegit. hoc indicant uerba (folgt
Luc 1, 34 mit Exegese).

. . . ita Christus nascendo de uirgine, quae, antequam sciret
quis de illa fuerat nasciturus, uirgo statuerat permanere,
uirginitatem sanctam adprobare maluit quam imperare. ac sic
etiam in ipsa femina, in qua formam serui accepit, uirginitatem
esse liberam uoluit.

6. Ac per hoc illa una femina non solum spiritu, uerum
etiam corpore et mater et uirgo. et mater quidem spiritu non
capitis nostri, quod est ipse saluator, ex quo magis illa spiri-
taliter nata est, quia omnes qui in eum crediderint, in quibus
et ipsa est, recte filii sponsi (Matth 9, 15) appellantur, sed
plane mater membrorum eius, quod nos sumus, quia cooperata
est caritate, ut fideles in ecclesia nascerentur, quae illius capitis
membra sunt, corpore uero ipsius capitis mater.

b) de natura et gratia 42 (C. F. Urba–J. Zycha, CSEL. 60, S. 264 f):

[413/15] 42. . . . excepta itaque sancta uirgine Maria, de qua
propter honorem domini nullam prorsus, cum de peccatis
agitur, haberi uolo quaestionem – unde enim scimus quid ei
plus gratiae conlatum fuerit ad uincendum omni ex parte
peccatum, quae concipere ac parere meruit, quem constat
nullum habuisse peccatum? – hac ergo uirgine excepta, si
omnes illos sanctos et sanctas, cum hic uiuerent, congregare
possemus et interrogare, utrum essent sine peccato, quid fuisse
responsuros putamus? utrum hoc quod iste (sc. Pelagius) dicit,
an quod Iohannes apostolus, rogo uos. quantalibet fuerint in
hoc corpore excellentia sanctitatis, si hoc interrogari potuissent,
una uoce clamassent.

c) in Joh. ev. tract. IV, 10 (zu Joh 1, 28 f)
(R. Willems, CC. 36, S. 36):

[416/17] 10. ... (Ps 50, 7). Solus ergo ille Agnus, qui non
sic uenit. Non enim in iniquitate conceptus est, quia non de
mortalitate conceptus est; nec eum in peccatis mater eius
in utero aluit, quem uirgo concepit, uirgo peperit; quia fide
concepit, et fide suscepit.

d) Enchiridion sive de fide, spe et caritate 34
(E. Evans, CC. 46, S. 68 f):

[421] 34. . . . Quis enim hoc solum congruentibus explicet
uerbis, quod: Verbum caro factum est et habitauit in nobis

39

(Joh 1, 14) ut crederemus in dei patris omnipotentis unicum
filium, natum de spiritu sancto et uirgine Maria? . . . sed
qualem de uirgine nasci oportebat, quem fides matris, non
libido, conceperat. Quodsi uel per nascentem corrumperetur
eius integritas, non iam ille de uirgine nasceretur, eumque
falso — quod absit — natum de uirgine Maria tota confiteretur
ecclesia, quae imitans eius matrem cotidie parit membra eius,
et uirgo est.

e) de haeresibus 82
(R. Vander Plaetse–C. Beukers, CC. 46, S. 337):

[428] 82. . . . Virginitatem Mariae destruebat (sc. Jovinianus)
dicens eam pariendo fuisse corruptam. Virginitatem etiam
sanctimonialium et continentiam sexus uirilis in sanctis
eligentibus caelibem uitam coniugiorum castorum atque fide-
lium meritis adaequabat . . .

42. *Proclus von Konstantinopel* († 446)
Predigt in der Großen Kirche von Konstantinopel[22] (Oratio I)
(E. Schwartz, ACO. I, I, 1, 19, 1. 9, S. 103. 107):

[428/29] 1. . . . συνεκάλεσεν ἡμᾶς ἡ ἀγία Μαρία, τὸ
ἀμόλυντον τῆς παρθενίας κειμήλιον, ὁ λογικὸς τοῦ δευτέρου
Ἀδὰμ παράδεισος, τὸ ἐργαστήριον τῆς ἑνότητος τῶν φύσεων,
ἡ πανήγυρις τοῦ σωτηρίου συναλλάγματος, ἡ παστὰς ἐν ᾗ ὁ
λόγος ἐνυμφεύσατο τὴν σάρκα, ἡ ἔμψυχος τῆς φύσεως βάτος,
ἣν τὸ τῆς θείας ὠδῖνος πῦρ οὐ κατέκαυσεν, ἡ ὄντως κούφη
νεφέλη ἡ τὸν ἐπὶ τῶν χερουβὶμ μετὰ σώματος βαστάσασα, ὁ
τοῦ ἐξ οὐρανῶν ὑετοῦ καθαρώτατος πόκος ἐξ οὗ ὁ ποιμὴν τὸ
πρόβατον ἐνεδύσατο, ἡ δούλη καὶ μήτηρ, ἡ παρθένος καὶ
οὐρανός, ἡ μόνη θεῷ πρὸς ἀνθρώπους γέφυρα, ὁ φρικτὸς τῆς
οἰκονομίας ἱστὸς ἐν ᾧ ἀρρήτως ὑφάνθη ὁ τῆς ἑνώσεως χιτών,
οὗπερ ἱστουργὸς μὲν τὸ πνεῦμα τὸ ἅγιον, ἔριθος δὲ ἡ ἐξ ὕψους
ἐπισκιάσασα δύναμις, ἔριον δὲ τὸ ἀρχαῖον τοῦ Ἀδὰμ κώδιον,
κρόκη δὲ ἡ ἐκ παρθένου ἀμόλυντος σάρξ, κερκὶς δὲ ἡ ἀμέτρη-
τος τοῦ φορέσαντος χάρις, τεχνίτης δὲ ὁ δι᾽ ἀκοῆς εἰσπηδήσας
λόγος.
9. . . . ἰδοὺ ἀπόδειξις ἐναργὴς τῆς ἀγίας καὶ θεοτόκου
Μαρίας· λελύσθω λοιπὸν ἀντιλογία πᾶσα, καὶ τῇ τῶν γραφῶν

---

[22] P. war damals Bischof von Kyzikos, konnte sein Amt aber nicht
wahrnehmen und war deshalb in Konstantinopel als Prediger tätig. Die
Predigt wurde im Beisein des Nestorius (damals noch Bischof von
Konstantinopel) gehalten.

40

φωτιζώμεθα διδασκαλίαι, ἵνα καὶ βασιλείας οὐρανῶν τύχωμεν
ἐν Χριστῷ Ἰησοῦ τῷ κυρίῳ ἡμῶν, αὐτῷ ἡ δόξα εἰς τοὺς
αἰῶνας τῶν αἰώνων, ἀμήν.

43. *Nestorius* (nach 381—mindestens 451)
a) Predigtfragmente XI (Fr. Loofs, Nestoriana, S. 277 f):

[vor 431] Βλέπε τὸ συμβαῖνον, αἱρετικέ· οὐ φθονῶ τῆς
φωνῆς τῇ Χριστοτόκῳ παρθένῳ, ἀλλ᾽ οἶδα σεβασμίαν τὴν
δεξαμένην θεόν, δι᾽ ἧς προῆλθεν ὁ τῶν ὅλων δεσπότης, δι᾽ ἧς
ἀνέλαμψεν τῆς δικαιοσύνης ὁ ἥλιος. πάλιν ὑποπτεύω τὸν κρό-
τον· πῶς τὸ „προῆλθεν“ ἐνοήσατε; οὐκ εἴρηταί μοι τὸ „προῆλ-
θεν“ ἀντὶ τοῦ „ἐγεννήθη“· οὐ γὰρ οὕτω ταχέως ἐπιλανθά-
νομαι τῶν ἰδίων. τὸ προελθεῖν τὸν θεὸν ἐκ τῆς Χριστοτόκου
παρθένου παρὰ τῆς θείας ἐδιδάχθην γραφῆς, τὸ δὲ γεννηθῆ-
ναι θεὸν ἐξ αὐτῆς οὐδαμοῦ ἐδιδάχθην ...
Οὐδαμοῦ τοίνυν ἡ θεία γραφὴ θεὸν ἐκ τῆς Χριστοτόκου
παρθένου λέγει γεγεννῆσθαι, ἀλλὰ „Ἰησοῦν Χριστὸν“ καὶ
„υἱὸν“ καὶ „κύριον“. ταῦτα πάντες ὁμολογῶμεν. ἃ γὰρ ἐδίδα-
ξεν ἡ θεία γραφή, ἄθλιος ὁ μὴ εὐθὺς δεχόμενος. „ ἐγερθεὶς
παράλαβε τὸ παιδίον καὶ τὴν μητέρα αὐτοῦ·“ (Matth 2, 13)
αὕτη τῶν ἀγγέλων ἡ φωνή. τάχα δὲ μᾶλλόν σου τὰ κατὰ τὴν
γέννησιν ᾔδεσαν οἱ ἀρχάγγελοι. ἐγερθεὶς παράλαβε τὸ παιδίον
καὶ τὴν μητέρα αὐτοῦ (Matth 2, 13), οὐκ εἶπεν· ἐγερθεὶς
παράλαβε τὸν θεὸν καὶ τὴν μητέρα αὐτοῦ.

b) Predigtfragmente XVII,
Predigt über die göttliche Menschwerdung (Nestoriana, S. 309):

[vor 431] ... filius dei natus est, deus verbum et homo.
ergo, quae peperit, propter unitatem dicatur θεοτόκος,
propter naturam vero hominis ἀνθρωποτόκος. quoniam
utrumque una locutione dicere refugis, et deum et hominem
dico, Χριστοτόκον ne dixeris — ecce voce distinguor a te
tantum —, sed cum θεοτόκον vocas ⟨sanctam virginem⟩, memi-
neris et ἀνθρωποτόκον vocare, ne dispensationem auferas,
quae est caput nostrae salutis.

c) Liber Heraclidis 151 f (F. Nau, Le livre d'Héraclide
de Damas, Paris 1910, S. 91 f):

[451] 151. ... Les factions du peuple qui combattaient à
ce sujet vinrent ensemble au palais épiscopal (sc. des Nestorius);
ils avaient besoin de la solution de leur dispute et d'arriver à

la concorde. Ils appelaient manichéens ceux qui donnaient le nom de Mère de Dieu à la bienheureuse Marie, et Photiniens ceux qui l'appelaient Mère de l'homme. Lorsque je les interrogeai, les premiers ne niaient pas l'humanité ni les seconds la divinité, ils confessaient ces deux points de la même manière, et n'étaient divisés que par les noms. Les partisans d'Apollinaire acceptaient „Mère de Dieu", et, ceux de Photin, „Mère de l'homme", mais, lorsque j'ai su qu'ils ne se disputaient pas selon le sens des hérétiques, j'ai dit que ceux-ci n'étaient pas hérétiques ni ceux-là non plus, parce que (les premiers) ne connaissaient pas Apollinaire et son dogme, ni les autres le dogme de Photin ni de Paul. Je les ai ramenés de cette controverse et de cette dispute en disant: „Si, de manière indivisible, sans suppression ni négation de la divinité et de l'humanité, on accepte ce qui est dit par (les deux partis) (152) on ne pèche pas; sinon servons-nous de ce qui est le plus sûr, par exemple de la parole de l'Évangile: le Christ est né (vgl. Matth 1, 16), et du Livre de la génération de Jésus-Christ (Matth 1, 1). Par des (paroles) analogues, nous confessons que le Christ est Dieu et homme, et que d'eux (sc. den Erzvätern, vgl. Rom 9, 5) est né, dans la chair, le Christ qui est Dieu sur tout. Lorsque vous l'appelez „Mère du Christ" dans l'union et sans diviser, vous désignez celui-ci et celui-là dans la filiation. Servez-vous de ce qui n'est pas condamné par l'Évangile et bannissez cette controverse d'entre vous, en vous servant de paroles qui puissent recueillir l'unanimité." Quand ils entendirent ces paroles ils dirent: „Notre question a été résolue devant Dieu;" ils me quittèrent avec exultation et louange et demeurèrent dans la concorde jusqu'au jour où ils tombèrent dans le piège de ceux qui recherchaient l'épiscopat.

44. *Concilium Ephesenum* (431)

a) Rede des Kyrill[23] von Alexandria († 444) in der Marienkirche zu Ephesus (E. Schwartz, ACO. I, I, 2, S. 102 f):

Φαιδρὸν ὁρῶ τὸ σύστημα, τῶν ἁγίων πάντων συνεληλυθότων προθύμως, κεκλημένων ὑπὸ τῆς ἁγίας καὶ θεοτόκου Μαρίας τῆς ἀειπαρθένου. ἀλλὰ γὰρ ἐν λύπῃ με διάγοντα πολλῇ εἰς χαρὰν μετέβαλεν ἡ τῶν ἁγίων πατέρων παρουσία. νῦν ἐπληρώθη πρὸς ἡμᾶς τὸ τοῦ ὑμνογράφου Δαυὶδ γλυκερὸν ῥῆμα· „ἰδοὺ δὴ τί καλὸν ἢ τί τερπνὸν ἀλλ' ἢ τὸ κατοικεῖν ἀδελφοὺς ἐπὶ τὸ αὐτό" (Ps 132, 1); χαίροις τοίνυν παρ' ἡμῶν,

---

[23] Die Zuweisung an Kyrill ist umstritten. Datierung: 23–27. 6. 431.

ἀγία μυστικὴ τριὰς ἡ τούτους ἡμᾶς πάντας συγκαλεσαμένη
ἐπὶ τήνδε τὴν ἐκκλησίαν τῆς θεοτόκου Μαρίας· χαίροις παρ᾽
ἡμῶν, Μαρία θεοτόκε, τὸ σεμνὸν κειμήλιον ἀπάσης τῆς
οἰκουμένης, ἡ λαμπὰς ἡ ἄσβεστος, ὁ στέφανος τῆς παρθενίας,
τὸ σκῆπτρον τῆς ὀρθοδοξίας, ὁ ναὸς ὁ ἀκατάλυτος, τὸ χωρίον
τοῦ ἀχωρήτου, ἡ μήτηρ καὶ παρθένος, δι᾽ ἧς ὀνομάζεται ἐν
τοῖς ἀγίοις εὐαγγελίοις ,,εὐλογημένος ὁ ἐρχόμενος ἐν ὀνόματι
κυρίου" (Matth 21, 9)· χαίροις ἡ τὸν ἀχώρητον χωρήσασα ἐν
μήτρᾳ ἀγίᾳ παρθενικῇ, δι᾽ ἧς τριὰς ἀγία δοξάζεται καὶ
προσκυνεῖται εἰς πᾶσαν τὴν οἰκουμένην, δι᾽ ἧς οὐρανὸς
ἀγάλλεται, δι᾽ ἧς ἄγγελοι καὶ ἀρχάγγελοι εὐφραίνονται, δι᾽
ἧς δαίμονες φυγαδεύονται, δι᾽ ἧς διάβολος πειράζων ἔπεσεν
ἐξ οὐρανοῦ, δι᾽ ἧς τὸ ἐκπεσὸν πλάσμα εἰς οὐρανοὺς ἀνα-
λαμβάνεται, δι᾽ ἧς πᾶσα ἡ κτίσις εἰδωλομανίᾳ κατεχομένη
εἰς ἐπίγνωσιν ἀληθείας ἐλήλυθε, δι᾽ ἧς βάπτισμα ἄγιον γίνεται
τοῖς πιστεύουσι, δι᾽ ἧς ἔλαιον ἀγαλλιάσεως, δι᾽ ἧς εἰς πᾶσαν
τὴν οἰκουμένην ἐκκλησίαι τεθεμελίωνται, δι᾽ ἧς ἔθνη ἄγονται
εἰς μετάνοιαν καὶ, τί πολλὰ λέγω; δι᾽ ἧς ὁ μονογενὴς υἱὸς τοῦ
θεοῦ φῶς ἔλαμψε ,,τοῖς ἐν σκότει καὶ σκιᾷ θανάτου καθημέ-
νοις" (Luc 1, 79), δι᾽ ἧς προφῆται προεμήνυσαν, δι᾽ ἧς ἀπό-
στολοι κηρύττουσι σωτηρίαν τοῖς ἔθνεσι, δι᾽ ἧς νεκροὶ ἐγεί-
ρονται, δι᾽ ἧς βασιλεῖς βασιλεύουσι. διὰ τριάδος ἀγίας (καὶ τίς
δυνατὸς ἄνθρωπον λέγειν τὴν πολυύμνητον Μαρίαν;) ἡ μήτρα
ἡ παρθενική. ὦ τοῦ θαύματος· ἐκπλήττει με τὸ θαῦμα …

b) Cyrilli epistula altera ad Nestorium (ACO. I, I, 1, S. 27 f):

οὐ γὰρ πρῶτον ἄνθρωπος ἐγεννήθη κοινὸς ἐκ τῆς ἀγίας
παρθένου, εἶθ᾽ οὕτως καταπεφοίτηκεν ἐπ᾽ αὐτὸν ὁ λόγος, ἀλλ᾽
ἐξ αὐτῆς μήτρας ἐνωθεὶς ὑπομεῖναι λέγεται γέννησιν σαρκικήν,
ὡς τῆς ἰδίας σαρκὸς τὴν γέννησιν οἰκειούμενος …
οὕτως τεθαρσήκασι θεοτόκον εἰπεῖν τὴν ἀγίαν παρθένον …

45. Concilium Chalcedonense (451)
definitio de duabus naturis Christi
(E. Schwartz, ACO. II, I, 2, S. 129):

πρὸ αἰώνων μὲν ἐκ τοῦ πατρὸς γεννηθέντα κατὰ τὴν
θεότητα, ἐπ᾽ ἐσχάτων δὲ τῶν ἡμερῶν τὸν αὐτὸν δι᾽
ἡμᾶς καὶ διὰ τὴν ἡμετέραν σωτηρίαν ἐκ Μαρίας τῆς
παρθένου τῆς θεοτόκου κατὰ τὴν ἀνθρωπότητα, …

43

46. *Concilium Constantinopolitanum* (553):
Anathematismi de tribus Capitulis, can. 6
(H. Denzinger–A. Schönmetzer, Enchir. symb.[33], S. 147):

ς'. Εἴ τις καταχρηστικῶς, ἀλλ᾽ οὐκ ἀληθῶς θεοτόκον λέγει τὴν ἁγίαν ἔνδοξον ἀειπαρθένον Μαρίαν· ἢ κατὰ ἀναφοράν, ὡς ἀνθρώπου ψιλοῦ γεννηθέντος, ἀλλ᾽ οὐχὶ τοῦ Θεοῦ λόγου σαρκωθέντος (καὶ τῆς) ἐξ αὐτῆς, ἀναφερομένης δὲ κατ᾽ ἐκείνους τῆς τοῦ ἀνθρώπου γεννήσεως ἐπὶ τὸν Θεὸν λόγον ὡς συνόντα τῷ ἀνθρώπῳ γενομένῳ· καὶ συκοφαντεῖ τὴν ἁγίαν ἐν Χαλκηδόνι σύνοδον, ὡς κατὰ ταύτην τὴν ἀσεβῆ ἐπινοηθεῖσαν παρὰ Θεοδώρου ἔννοιαν θεοτόκον τὴν παρθένον εἰποῦσαν· ἢ εἴ τις ἀνθρωποτόκον αὐτὴν καλεῖ ἢ χριστοτόκον, ὡς τοῦ Χριστοῦ μὴ ὄντος Θεοῦ· ἀλλὰ μὴ κυρίως, καὶ κατὰ ἀλήθειαν θεοτόκον αὐτὴν ὁμολογεῖ, διὰ τὸ τὸν πρὸ τῶν αἰώνων ἐκ τοῦ πατρὸς γεννηθέντα Θεὸν λόγον ἐπ᾽ ἐσχάτων τῶν ἡμερῶν ἐξ αὐτῆς σαρκωθῆναι, οὕτω τε εὐσεβῶς καὶ τὴν ἁγίαν ἐν Χαλκηδόνι σύνοδον θεοτόκον αὐτὴν ὁμολογῆσαι, ὁ τοιοῦτος ἀνάθεμα ἔστω.

47. *Modestus von Jerusalem* († 634)
Encomium[24] (MSG. 86, S. 3280AB):

... οἱ ἐν τῇ Χριστοῦ τοῦ Θεοῦ ἡμῶν Ἐκκλησίᾳ θείᾳ χάριτι τοῦ παναγίου Πνεύματος προχειρισθέντες διδάσκαλοι· καὶ ὑπ᾽ αὐτοῦ σθενούμενοι· ἀνιπτάμενοι ἐναρέτως, καὶ εὐσεβῶς ἐμφιλοχωρούμενοι κατ᾽ ἐφικτὸν ... ἐπιτεύξασθαι κατηξιώθησαν τοὺς ἱεροὺς λόγους, οὓς ἐξέθεντο οἱ προλεχθέντες θεηγόροι, εἰς ἑκάστην πανίερον τελετὴν τῆς Θεομήτορος, καὶ δορυφορῆσαι εὐσεβέσι λαοῖς, πρὸς πλοῦτον ἀναφαίρετον, καὶ εὐπρεπεστάτην κόσμησιν πνευματικήν, καὶ ἔνθεον οἰκοδομὴν ὀρθοδόξων Ἐκκλησιῶν, εἰς δόξαν τοῦ Σωτῆρος ἡμῶν Θεοῦ.

48. *Germanus von Konstantinopel* (635–733)
homilia III in dormitionem Deiparae
(MSG. 98, S. 361AB. 364A):

Ὅπου τοίνυν ἐγώ, καὶ σὺ μέλλεις ὑπάρχειν, ἀχώριστος μήτηρ, ἐν ἀδιαζεύκτῳ Υἱῷ. ...Ὄψεται τοῦ Πατρός μου τὴν δόξαν ἡ ἔνθεός σου ψυχή. Ὄψεται τοῦ μονογενοῦς αὐτοῦ

---

[24] Modestus war 631–634 Bischof von Jerusalem, vermutlich stammt das Encomium aus dieser Zeit.

44

Υἱοῦ τὴν δόξαν τὸ ἀμίαντον σῶμά σου. ... Προσανακλήθητι, καὶ μόνον ἐν σχήματι τῷ Γεθσημανῇ τοῦ μνήματος χωρίῳ· οὐκ ἀφήσω σε χρονίως ὀρφανὴν ἐν αὐτῷ. ... Θὲς ἐν τῷ Γεθσημανῇ χωρίῳ τεθαρρηκότως τὸ σῶμά σου, καθὼς ἐγὼ πρὸ τοῦ παθεῖν με δι' ἀνθρωπίνην προσευχὴν ἐκεῖσε τὰ γόνατα. Σοῦ γὰρ προτυπούμενος τὴν κοίμησιν, ἔκλινα κἀγὼ πρὸς τὸ τοιοῦτον χωρίον τὰ ἐμὰ τοῦ ἐκ σοῦ σώματος γόνατα. Ὡς οὖν ἐγὼ μετὰ τὴν τότε γονυκλισίαν πρὸς τὸν ζωοποιὸν ἐξῆλθον καὶ ἑκούσιον τοῦ σταυροῦ μου θάνατον, καὶ σὺ μετὰ τὴν κατάθεσιν τοῦ σοῦ λειψάνου πρὸς ζωὴν παραχρῆμα μετατεθήσῃ

49. Andreas von Kreta (660—740)
Oratio XIII (In dormitionem S. Mariae II) (MSG. 97, S. 1072BC):

Μυστήριον ἡ παροῦσα πανήγυρις, ὑπόθεσιν ἔχουσα τῆς Θεοτόκου τὴν κοίμησιν, καὶ λόγων ὑπεραίρουσα δύναμιν. Μυστήριον, οὐ παρὰ πολλοῖς μὲν ἤδη τελούμενον, παρὰ πᾶσι δὲ νῦν καὶ τιμώμενον καὶ στεργόμενον. Καὶ τοῦτο ἡμῶν ἐστιν ἡ πανήγυρις, ἡ τοῦ μυστηρίου φανέρωσις, ἤτ᾽ οὖν ἐξάπλωσις. . . Πανηγυριστέον οὖν τὸ δῶρον, ἀλλὰ μὴ συγχωστέον μὴ ὅτι πρόσφατον ἔχει τὴν εὕρεσιν, ἀλλ᾽ ὅτι πρὸς τὴν οἰκείαν ἐπανῆλθεν εὐπρέπειαν. Οὐ γὰρ ἐπείτοι τισὶ τῶν πρὸ ἡμῶν οὐ διέγνωστο, ἤδη καὶ σιωπᾶσθαι ἄξιον· ἀλλ᾽ ὅτι μὴ πάντῃ διέφυγε, κηρύττεσθαι ὅσιον.

50. Johannes von Damaskus (ca. 650—750)
a) de fide orthodoxa 87 (IV, 14) (B. Kotter, PTS. 12, S. 198):

[nach 743] Περὶ τῆς ἁγίας ὑπερυμνήτου ἀειπαρθένου καὶ θεοτόκου Μαρίας ἐν τοῖς προλαβοῦσι μετρίως διαλαβόντες καὶ τὸ καιριώτατον παραστήσαντες, ὡς κυρίως καὶ ἀληθῶς θεοτόκος ἔστι τε καὶ ὀνομάζεται, νῦν τὰ λείποντα προσαναπληρώσωμεν. Αὕτη γὰρ τῇ προαιωνίῳ προγνωστικῇ βουλῇ τοῦ θεοῦ προορισθεῖσα καὶ διαφόροις εἰκόσι καὶ λόγοις προφητῶν διὰ πνεύματος ἁγίου εἰκονισθεῖσά τὲ καὶ προκηρυχθεῖσα ἐν τῷ προωρισμένῳ καιρῷ ἐκ Δαυιδικῆς ῥίζης ἐβλάστησε διὰ τὰς πρὸς αὐτὸν γενομένας ἐπαγγελίας.

b) homiliae in dormitionem Sanctae Mariae virginis II, 14
(P. Voulet, SC. 80, S. 156/8):

[kurz vor 750] ... ἀλλ᾽ ὥσπερ τὸ ἐξ αὐτῆς τῷ Θεῷ Λόγῳ ἐνυποστὰν σῶμα τὸ ἅγιον καὶ ἀκήρατον, τῇ τρίτῃ ἡμέρᾳ τοῦ μνήματος ἐξανίστατο, οὕτω δὴ καὶ ταύτην ἐξαρπασθῆναι τοῦ τάφου καὶ πρὸς τὸν υἱὸν τὴν μητέρα μεθαρμοσθῆναι (sc. ἔδει), καὶ ὥσπερ αὐτὸς πρὸς αὐτὴν καταβέβηκεν, οὕτως αὐτὴν τὴν προφιλῆ πρὸς αὐτὸν τὸν ἀναφέρεσθαι τὴν μείζονα καὶ τελεωτέραν σκηνήν, ,,εἰς αὐτὸν τὸν οὐρανόν" (Heb 9, 24). ῎Εδει τὴν τὸν Θεὸν Λόγον ἐν τῇ αὐτῆς νηδύι ξενοδοχήσασαν, ἐν ταῖς τοῦ ἑαυτῆς υἱοῦ κατοικισθῆναι σκηναῖς· καὶ ὥσπερ ὁ Κύριος ἔφησεν ὡς ἐν τοῖς τοῦ οἰκείου Πατρὸς εἶναι ὀφείλεται, καὶ τὴν μητέρα ἔδει ἐν τοῖς τοῦ υἱοῦ βασιλείοις αὐλίζεσθαι, ,,ἐν οἴκῳ Κυρίου καὶ ἐν αὐλαῖς οἴκου Θεοῦ ἡμῶν" (Ps 134, 1. 135, 2). Εἰ γὰρ ἐν αὐτῷ ,,πάντων τῶν εὐφραινομένων ἡ κατοικία" (Ps 87, 7), ποῦ τῆς εὐφροσύνης τὸ αἴτιον;

῎Εδει τῆς ἐν τῷ τίκτειν φυλαξάσης τὴν παρθενίαν ἀλώβητον, ἀδιάφθορον τηρηθῆναι τὸ σῶμα καὶ μετὰ θάνατον.

῎Εδει τὴν ἐγκόλπιον ὡς βρέφος τὸν κτίστην βαστάσασαν, τοῖς θείοις ἐνδιατρίβειν σκηνώμασιν.

῎Εδει τὴν νύμφην ἣν ὁ Πατὴρ ἐνυμφεύσατο, τοῖς οὐρανίοις ἐνδιαιτᾶσθαι θαλάμοις.

῎Εδει τὴν ἐν σταυρῷ τὸν ἑαυτῆς υἱὸν κατοπτεύσασαν, καὶ τῆς ὠδῖνος, ἣν τεκοῦσα διέφυγε, τὴν ῥομφαίαν δεξαμένην ἐγκάρδιον, τῷ Πατρὶ καθορᾶν συγκαθήμενον.

῎Εδει τὴν τοῦ Θεοῦ μητέρα τὰ τοῦ υἱοῦ κατακτήσασθαι, καὶ ὑπὸ πάσης ὡς μητέρα Θεοῦ καὶ δούλην προσκυνηθῆναι τῆς κτίσεως. Ἀεὶ μὲν γὰρ ἐκ τῶν τεκόντων ὁ κλῆρος εἰς τοὺς παῖδας κάτεισι. Νῦν δέ, ὥς τις ἔφη σοφός, ἄνω ποταμῶν τῶν ἱερῶν χωροῦσι πηγαί. Ὁ γὰρ υἱὸς τῇ μητρὶ τὴν σύμπασαν κτίσιν κατεδουλώσατο.

51. Pseudo-Matthäusevangelium[25]
(Ev. apocrypha ed. C. Tischendorf ² 1876, S. 57–112)

52. De nativitate Mariae[25]
(Ev. apocrypha ed. C. Tischendorf ² 1876, S. 113–121)

53. Theodor von Studion († 826)
Oratio V, 1: laudatio in dormitionem sanctae dominae nostrae deiparae (MSG. 99, S. 720D–721A):

... σήμερον τοιγαροῦν ὁ ἐπίγειος οὐρανὸς τῷ τῆς ἀφθαρσίας περιβολαίῳ ἑλισσόμενος, ἐξαλλάττεται εἰς διαμονὴν τὴν βελτίονά τε καὶ μακραίωνα· σήμερον ἡ νοητὴ καὶ θεοφώτιστος

---

[25] auf (z. T. sehr) altem Material aufbauend, zusammengestellt im 8./9. Jahrh.

46

σελήνη τῷ τῆς δικαιοσύνης ἡλίῳ συνεισβάλλουσα, ἐκλείπει
μὲν τοῦ τῆς παραυτίκα ζωῆς προσκαίρου, ἐν τ᾿ αὐτῷ δὲ ἀνατέλ-
λουσα καταλαμπρύνεται τῷ τῆς ἀθανασίας ἀξιώματι· σήμερον
ἡ χρυσότευκτος καὶ θεοκατασκεύαστος κιβωτὸς τοῦ ἁγιάσματος
ἐκ τῶν ἐπιχθονίων σκηνωμάτων ἀπαίρουσα πρὸς τὴν ἄνω
Ἱερουσαλὴμ μετακομίζεται εἰς κατάπαυσιν ἀτελεύτητον.

LITERATUR

Hergenröther, J.: Die Marienverehrung in den ersten zehn Jahrhunderten der Kirche, München 1870.

Lehner, F. A. von: Die Marienverehrung in den ersten Jahrhunderten, Stuttgart ²1886.

Benrath, K.: Zur Geschichte der Marienverehrung, Theologische Studien u. Kritiken 59 (1886).

Zöckler, O.: Art. Maria in RE³, Bd. XII, S. 309 ff. (1903).

Lucius, E. — Anrich, G.: Die Anfänge des Heiligenkultes in der christlichen Kirche, Tübingen 1904.

Bardenhewer, O.: Marienpredigten aus der Väterzeit, München 1934.

Koch, H.: Virgo Eva — Virgo Maria, Arbeiten zur Kirchengeschichte 25 (1937).

Roschini, M.: Mariologia, 2 vol., Milano 1942.

Manoir, H. du: Maria, Études sur la Sainte Vierge, Vol. I—VII. Paris 1949 ff.

Sträter, P.: Marienkunde. Bd. I, Maria in der Offenbarung, 2. Aufl., Paderborn 1952. Bd. II, Maria in der Glaubenswissenschaft 2. Aufl. 1952. Bd. III, Maria im Christenleben 1951.

Heiler, F.: Assumptio, Werke zur Dogmatisierung der leiblichen Himmelfahrt Marias, Theologische Literatur Zeitung 79 (1954), Sp. 1—48.

Heiler, F. — Onasch, K. — Jannasch, W.: Art. Marienverehrung in RGG³, Bd. IV, Sp. 763—766 (1960).

Weerda, J.: Art. Mariologie in RGG³, Bd. IV, Sp. 767—770 (1960).

Michl, J. — Rahner, K. — Müller, A.: Art. Maria in LThK², Bd. 7, Sp. 25—32 (1962).

Rahner, K.: Art. Mariologie in LThK², Bd. 7, Sp. 84—87 (1962).

Delius, W.: Geschichte der Marienverehrung, München/Basel 1963.

Die neuere Literatur macht zugänglich und bespricht:

R. Laurentin, Bulletin marial, in: Revue des sciences philosophiques et théologiques Bd. 46 (1962), S. 324—375

R. Laurentin, Bulletin marial, in: Revue des sciences philosophiques et théologiques Bd. 48 (1964), S. 88—128

R. Laurentin, Bulletin marial, in: Revue des sciences philosophiques et théologiques Bd. 50 (1966), S. 496—545

R. Laurentin, Bulletin sur la vierge Marie, in: Revue des sciences philosophiques et théologiques 52 (1968), S. 479—551

R. Laurentin, Bulletin sur la vierge Marie, in: Revue des sciences philosophiques et théologiques Bd. 54 (1970), S. 269—317.

ABKÜRZUNGEN

ACO.	=	Acta Conciliorum Oecumenicorum.
CC.	=	Corpus Christianorum, Series Latina.
CSCO.	=	Corpus Scriptorum Christianorum Orientalium.
CSEL.	=	Corpus Scriptorum Ecclesiasticorum Latinorum.
GCS.	=	Die Griechischen Christlichen Schriftsteller der ersten drei Jahrhunderte.
KIT.	=	Kleine Texte für Vorlesungen und Übungen.
MSG.	=	Migne, Series Graeca.
MSL.	=	Migne, Series Latina.
PTA.	=	Papyrologische Texte und Abhandlungen.
PTS.	=	Patristische Texte und Studien.
SAM.	=	Sitzungsberichte der Bayerischen Akademie der Wissenschaften, München.
SC.	=	Sources Chrétiennes.
TU.	=	Texte und Untersuchungen zur Geschichte der altchristlichen Literatur.
Vall.	=	Domenico Vallarsi, Opera Hieronymi.

126

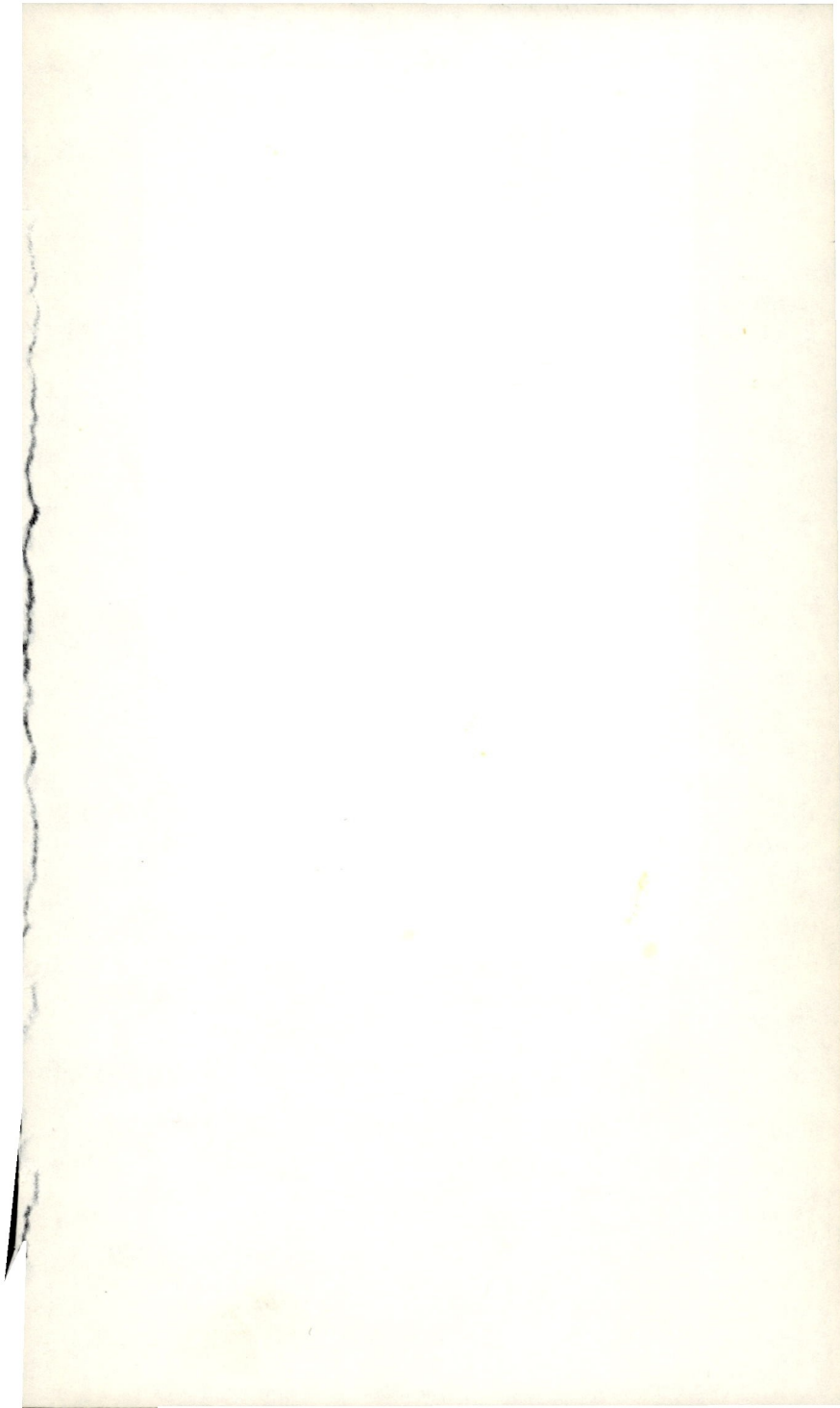